Michael Kroner

Baudenkmäler der Siebenbürger Sachsen
Zeugnisse eines jahrhundertealten Kulturerbes

Österreichische Landsmannschaft

Wien, im März 2014

ISBN 978-3-902350-51-0

Inhaltsverzeichnis

Die Eckartschriftenreihe steht in der Tradition des Herderschen Kulturbegriffs. Die Herausgeber versuchen daher in ihren Publikationen zwischen Staatszugehörigkeit und Kulturnation zu unterscheiden.

Viele europäische Staaten beherbergen unterschiedliche Völker. So auch Ungarn, wo neben den staatstragenden Magyaren Rumänen, Slowaken, Ruthenen, Serben, Kroaten, Zigeuner und Deutsche leben und lebten. In der vorliegenden Eckartschrift wird auf Wunsch des Autors ungarisch als Kulturbegriff und nicht nur als Staatsbegriff verwendet.

Anmerkung des Herausgebers

Vorwort

Im Gästebuch der Kirchenburg von Deutsch-Weißkirch ist folgender Eintrag zu lesen: „Qui sont donc ces Saxons?“ Der Besucher fragt sich also verwundert, wer denn bloß diese Siebenbürger Sachsen seien, die dieses einzigartige Bauwerk geschaffen haben. Obwohl in letzter Zeit mehrere Dokumentationen über Siebenbürgen und das reichhaltige Kulturgut der Siebenbürger Sachsen zu sehen waren, ist das Wissen über dieses älteste deutsche Siedlungsgebiet im Südosten Europas und sein kulturelles Erbe immer noch sehr gering. Besucher nehmen beeindruckt das engmaschige Ensemble dörflicher Kirchenburgen, die städtischen Befestigungsanlagen und die Innenstädte mit deutsch geprägten sakralen und profanen Bauten zur Kenntnis. Daß trotz der massenhaften Auswanderung der Siebenbürger Sachsen auch heute noch ein gegliedertes deutschsprachiges Schulwesen existiert und die deutsche Sprache immer noch eine sehr hohe Stellung einnimmt, erstaunt sie noch mehr. In der Tat haben die Siebenbürger Sachsen beachtliche Zeugnisse ihrer Schaffenskraft, ihres künstlerischen, ästhetischen und geistigen Verständnisses sowie ihrer Wirtschaftskraft in ihrer weit über 800jährigen sehr wechselvollen Geschichte hinterlassen. Diese Zeugnisse wirken bis heute nachhaltig fort, und es gilt nun, sie zu pflegen und für die Nachwelt zu erhalten.

Es ist das Verdienst von Dr. Michael Kroner, mit seiner sehr verständlichen Darstellung auf diese Hinterlassenschaft kenntnisreich hinzuweisen, sie in den historischen Rahmen zu setzen und die vielfältigen Bemühungen um ihren Erhalt zu würdigen. Sein Beitrag schließt in hervorragender Weise die Lücke im Wissen über diesen besonderen Aspekt Siebenbürgens und gehört in die Hand jedes Besuchers dieses schönen Landes.

Dr. Karl Scheerer

Stellvertretender Vorsitzender des Demokratischen Forums der Deutschen in Siebenbürgen (Schäßburg und Bad Königshofen)

A) Einleitender kulturgeschichtlicher Überblick

1) Staatliche Zugehörigkeit Siebenbürgens seit dem Mittelalter

Seit dem Mittelalter hat Siebenbürgen verschiedenen Staaten angehört. Vom 10. Jahrhundert bis 1541 war es eine Woiwodschaft des ungarischen Königreiches. Nach der Besetzung Ungarns durch die Türken (1541) wurde Siebenbürgen ein autonomes Fürstentum, das dem Osmanischen Reich tributpflichtig war. Im Jahr 1687 wurde es von der türkischen Herrschaft befreit und der österreichischen Monarchie als Fürstentum bzw. Großfürstentum einverleibt. Die habsburgischen Herrscher waren zugleich Fürsten bzw. Großfürsten von Siebenbürgen. Das Land wurde von einem Gubernator geleitet. Im Jahr 1867 wurde das habsburgische Kaiserreich in die Doppelmonarchie Österreich-Ungarn geteilt, wobei Ungarn Siebenbürgen erhielt. Nach dem Zerfall der österreichisch-ungarischen Monarchie gegen Ende 1918 wurde Siebenbürgen mit Rumänien vereinigt, zu dem es noch heute gehört. Nur in den Jahren 1940 bis 1945 war Nordsiebenbürgen von Rumänien getrennt und an Ungarn angeschlossen, wobei nun die Sachsen erstmals zwei verschiedenen Staaten angehörten. Siebenbürgen war ein Vielvölkerland, in dem Ungarn (Magyaren), Szekler, Rumänen, Sachsen, Zigeuner (Roma), Juden, Armenier u. a. meist friedlich nebeneinander lebten, ohne sich zu vermischen.

2) Die Geschichte der Siebenbürger Sachsen im Umriß

Die Siebenbürger Sachsen gehören zu den ältesten auslanddeutschen Volksgruppen. Sie haben fast 900 Jahre lang in einem nichtdeutschen Land ihr deutsches Volkstum bewahrt und in Südosteuropa eine deutsche Kulturlandschaft aufgebaut. Von ihrer jahrhundertelangen Präsenz im Karpatenbogen zeugen unleugbar vor allem ihre Baudenkmäler, denen wir uns in dieser Schrift widmen wollen. Vorher ein kurzer Überblick über ihre allgemeinen kulturellen und wirtschaftlichen Leistungen.

Die deutschen Siedler wurden von ungarischen Königen angesiedelt, zu deren Reich damals das „Land jenseits des Waldes", daher auch Transsylvanien genannt, gehörte. Sie wurden als *„Wirtschaftshelfer"* gerufen, um das urwäldliche Land urbar zu machen, westliche Lebensformen, also Städte, Gewerbe und abendländische Zivilisation in das Karpatenland zu bringen und die Grenze gegen feindliche Einfälle zu verteidigen. Den Siedlern wurde eine Reihe von Rechten und Freiheiten gewährt. Sie sind uns aus einer Urkunde, dem sogenannten *„Goldenen Freibrief"* des ungarischen Königs Andreas II. aus dem Jahre 1224 bekannt. Aus diesem Freibrief erfahren wir, daß die deutschen *„Hospites"* (Gäste) zur Zeit des Königs Geysa II. (1141-1162) ins Land gerufen („vocati") wurden. Dieses *„Andreanum"* bestätigte den Siedlern Südsiebenbürgens im Gebietsstreifen von „Broos bis Draas", wie es in der Urkunde heißt, persönliche bürgerliche Freiheiten, ferner nach deutschem Recht ihre Priester und Richter frei zu wählen und auf eigenem Territorium sich selbst zu verwalten. Sie waren bloß dem König unterstellt, und ihr Siedlungsgebiet – der Königsboden – war ein Sachsenland mit freien Bürgern, die frei über ihren Besitz verfügten. Dort, wo die Siedler sich niederließen, entstanden Ortschaften nach deutschem Recht und auch in baulicher Hinsicht nach deutschem Vorbild. Einige dieser Siedlungen – Hermannstadt, Kronstadt, Schäßburg, Mediasch, Mühlbach, Bistritz, Klausenburg u. a. – entwickelten sich zu Städten.

Die Ursachen der deutschen Ostsiedlung sind in einem Bevölkerungsüberschuß und in einer zunehmenden Bedrükkung der Bevölkerung in Deutschland zu suchen. Zur selben Zeit wurde den Siedlern in Ost- und Südosteuropa eine Reihe von Rechten und Freiheiten in Aussicht gestellt. In der Hoffnung, im Osten ein freieres Leben führen zu können, verließen die Risikofreudigen ihre Heimat.

Die Zahl der ersten Siedler war nicht sehr groß, es dürften den Einwanderungszügen nach Siebenbürgen zur Zeit Geysas II. nicht mehr als etwa 2.500 bis 3.000 Personen angehört haben. Es blieb jedoch nicht bei diesem ersten Siedlungsakt. Im 12. Jahrhundert dürfte auch Nordsiebenbürgen, das Nösnerland, deutsche Kolonisten erhalten haben. Anfang des 13. Jahrhunderts berief der Deutsche Ritterorden, der von 1211 bis 1225 im Burzenland für kurze Zeit Aufnahme gefunden hatte, deutsche Kolonisten in diesen Landstrich. Nach neuesten Forschungen soll es allerdings dort auch schon vorher deutsche Siedlungen gegeben haben.

Durch den Zuzug weiterer Kolonisten nach den Verwüstungen des Mongolensturms (1241) sowie durch Innerkolonisation weitete sich das ursprüngliche deutsche Siedlungsgebiet in Siebenbürgen aus, um 1200 bis an die Große Kokel, in den folgenden Jahrzehnten auch in das Zwischenkokelgebiet und das Zekeschgebiet östlich von Mühlbach. Diese neuen Siedlerverbände, einschließlich des Nösnergaus in Nordsiebenbürgen, sind allmählich auch in den Genuß des Andreanischen Freibriefs gelangt, so daß ab 1486 die deutschen Bewohner des Königsbodens als einheitliche, rechtliche und politische Gemeinschaft mit Selbstverwaltung auftraten, an deren Spitze als ihr oberstes Vertretungsorgan die sogenannte „Nationsuniversität" und der Sachsengraf standen. Die Sachsen bildeten neben dem ungarischen Adel und den Szeklern den dritten privilegierten Landesstand (Nation), der im Landtag vertreten war. Das sächsische Territorium war verwaltungsmäßig und gerichtlich in neun sogenannte Stühle (Hermannstadt, Broos, Mühlbach, Reußmarkt, Leschkirch, Schenk, Mediasch, Schäßburg und Reps) und zwei Distrikte (Kronstadt und Bistritz) eingeteilt. Auf dem Sachsenboden durften sich nach den bestehenden sächsischen Privilegien bloß Deutsche ansiedeln. Im Laufe der Zeit haben sich aber, da die sächsische Bevölkerung durch Kriege und Seuchen stark dezimiert wurde, auf den Dörfern und in den Vorstädten auch Rumänen, Zigeuner und Ungarn als Hirten, Knechte, Mägde oder sonstige Hilfsarbeitskräfte niedergelassen. Trotzdem behielten die meisten sächsischen Ortschaften bis ins 20. Jahrhundert eine deutsche Einwohnermehrheit.

Es konnten jedoch nicht alle deutschen Siedler der Einwanderungszeit ihr Freitum behalten bzw. ihre Siedlungen dem Königsboden anschließen, ein Teil der Kolonisten siedelte auf grundherrschaftlichen Gütern auf Komitatsboden. Im 18. Jahrhundert lag etwa ein Drittel der sächsischen Gemeinden außerhalb des privilegierten Sachsenbodens. Dessen Bauern waren den Grundherren gegenüber zu Abgaben und Frondiensten verpflichtet und nicht frei, sondern den Adligen hörig. Sie wurden erst 1848 von der Untertänigkeit der Grundherrschaft befreit.

Die aus mehreren Teilen des Alten Reiches und zu unterschiedlichen Zeiten gekommenen Kolonisten erhielten den Namen „Sachsen“ und wuchsen in Siebenbürgen zu einem neuen, deutschen Volksstamm zusammen mit eigener Mundart und unterscheidenden Merkmalen, die sich aus ihrem Zusammenleben mit anderen Völkerschaften, in einer vom Mutterland getrennten Enklave ergaben. Sie haben aber die Verbindung zum deutschen Mutterland nie aufgegeben und neben ihrer Mundart auch das Hochdeutsche gepflegt. Sie wurden so die wichtigsten Träger westlicher Kultur in Südosteuropa. Im 16. Jahrhundert nahmen die Sachsen die evangelisch-lutherische Reformation an, ihre Volkskirche wurde dadurch gleichzeitig zu einem Bollwerk ihres deutschen Volkstums.

Einzelpersonen oder kleinere Gruppen von deutschen Siedlern sind auch nach der großen mittelalterlichen Kolonisation nach Siebenbürgen gekommen. Als größere Zuzüge sind zu nennen im 18. Jahrhundert eine Gruppe von

Baden-Durlachern und evangelische Zwangsumgesiedelte aus Österreich, die sogenannten „*Landler*“, sowie 1845 bis 1850 etwa 1000 bis 1100 von Stephan Ludwig Roth angeworbene Schwaben aus Württemberg. Im 19. und 20. Jahrhundert gründeten deutsche Unternehmer mehrere Fabriken in Siebenbürgen. Am Anfang des 20. Jahrhunderts fanden auch zahlreiche Familien aus der Bukowina und der Zips (Slowakei) Aufnahme in Nordsiebenbürgen.

Die sächsische Verwaltungsautonomie des Königs- und Sachsenbodens wurde 1876 vom ungarischen Staat aufgelöst. Dadurch verloren die Sachsen ihren privilegierten Stand sowie den gesetzlichen Rahmen, der ihnen seit der Ansiedlung ihre ethnische Eigenart und rechtliche Sonderstellung gesichert hatte. Immer mehr nichtdeutsche Bewohner ließen sich in den sächsischen Dörfern und Städten nieder; daraus erwuchs die Sorge der Sachsen, von fremdvölkischen Volksgruppen unterwandert und assimiliert zu werden. Waren sie bisher eine durch Privilegien geschützte „*Nation*“, wurden sie nun zu einer nationalen Minderheit. Sie mußten sich daher nach einer neuen Schutz- und völkischen Wehrburg umsehen. Dafür bot sich die evangelische Kirche an. Die neue Kirchenverfassung von 1861 bekräftigte nicht nur die Autonomie der evangelisch-sächsischen Kirche und die kirchliche Zusammenfassung aller Sachsen, sondern schuf auch den Rahmen für eine allumfassende völkische Betreuung. Wichtig war dabei, daß der Kirche die Trägerschaft über die evangelisch-deutschen Schulen sowie über kulturelle und gesellige Verbände gewährt wurde. An der Spitze der Kirche stand der Bischof, der vom Landeskonsistorium gewählt wurde. Ihm stand zur Seite der Landeskirchenkurator als weltlicher Vertreter des evangelisch-sächsischen Kirchenvolkes. Das Landeskonsistorium übernahm zum Teil die Funktionen der gewesenen Nationsuniversität und der Bischof die des Sachsengrafen.

Diese enge Verbindung zwischen kirchlichem und weltlichem Leben ergab das, was man eine „*Volkskirche*" nennt. Die Symbiose war so stark, daß man im täglichen Leben zwischen evangelisch und sächsisch kaum unterschied. Die Kirche war dadurch nicht nur eine kirchliche, sondern auch eine tragfähige völkische Institution, unter deren Schutz sich das deutsche Schul- und Kulturleben der Siebenbürger Sachsen entfaltete.

Die *„sächsische Nation"*, die bis Mitte des 19. Jahrhunderts im rechtlichen Sinne nur den privilegierten Stand der Sachsen auf dem Königsboden umfaßte, erhielt nun eine Erweiterung und schloß alle Sachsen Siebenbürgens ein, auch die des ehemaligen Komitatsbodens. Es bürgerte sich dafür die Bezeichnung *„sächsisches Volk"* oder *„sächsisches Völkchen"* ein, das sich nach wie vor dem großen deutschen Volk zugehörig fühlte, während gleichzeitig das Deutsche Reich durch Vereine und Stiftungen dem Auslanddeutschtum erhöhte Aufmerksamkeit schenkte und Hilfe gewährte. In Österreich setzte sich nach 1880 vor allem der Deutsche Schulverein für die deutschen Schulen in Ungarn gegen die Magyarisierungspolitik ein.

Der Mann, dem die führende Rolle bei der Schaffung und Einführung der neuen Kirchenordnung zufiel und der sie dann auch mit Leben erfüllte, war Georg Daniel Teutsch, der 1867 zum evangelischen Bischof gewählt wurde und bis zu seinem Tod im Jahre 1893 die Kirche und das sächsische Volk geführt hat. Er ist der einzige Bischof, dem seine Landsleute vor der Hermannstädter Stadtpfarrkirche 1899 ein Standbild errichtet haben. Als bei den Einweihungsfeierlichkeiten ein reichsdeutscher Gast fragte, ob die Feier mehr kirchlichen oder nationalen Anstrich haben werde, gab man ihm zur Antwort, das sei bei den Sachsen das Gleiche, das eine lasse sich nicht vom anderen trennen. Der ebenfalls an den genannten Feierlichkeiten aus Deutschland teilnehmende angesehene Theologe Ernst Troeltsch schrieb in seinem Bericht unter anderem: „*Die (evangelische) Kirche ist die Burg geworden, in die die nationalen Besitztümer geflüchtet wurden ... Man sagt ‚Kirche' und meint ‚Sachsentum'... Die Schule ist die Umwallung der kirchlichen Hauptfestung.*" Ein Jahr zuvor hatte ein anderer reichsdeutscher Theologe, Adolf von Harnack, die seither viel zitierten Worte geäußert: „*Die Siebenbürger Sachsen leben und sprechen in einem Akkord von Deutschtum, evangelischem Glauben und deutscher Wissenschaft und Erkenntnis. Diese drei Dinge sind so eng verbunden mit ihnen, daß sie selbst nicht wissen, wo das eine anfängt und das andere aufhört.*"

Seit Mitte des 19. Jahrhunderts, als die Sachen ihre Privilegien aufgeben mußten, sahen sie sich in ihrer ethnischen Existenz bedroht, da ihr jeweiliges Vaterland (bis 1918 der ungarische Staat, nachher der rumänische Staat) gegenüber den nationalen Minderheiten eine auf Assimilierung ausgerichtete Politik führte.

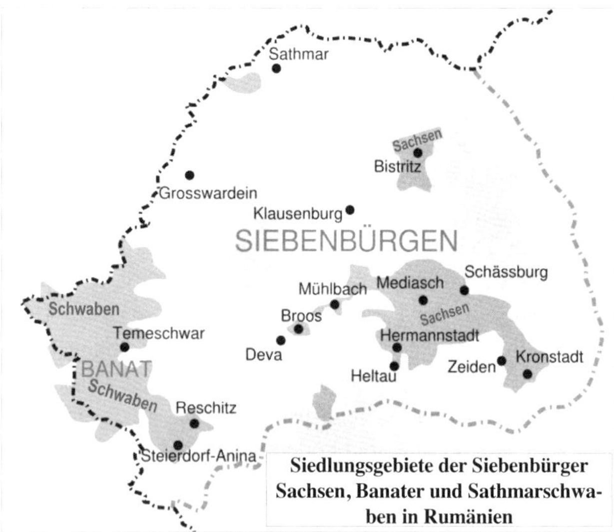

Siedlungsgebiete der Siebenbürger Sachsen, Banater und Sathmarschwaben in Rumänien

Dem großrumänischen Königreich der Zwischenkriegszeit gehörten außer den Siebenbürger Sachsen folgende deutschen Volksgruppen an: die Banater und Sathmarer Schwaben, die Zipser-, Bukowina-, Dobrudscha- und Bessarabiendeutschen sowie die Deutschen Altrumäniens – insgesamt 745.421 Personen nach der Volkszählung von 1930. Das waren 4,1 Prozent der Gesamtbevölkerung Rumäniens von damals 18,057.028 Menschen.

Die rumäniendeutschen Volksgruppen entschlossen sich, als deutsche Minderheit gegenüber ihrem neuen Vaterland Rumänien gemeinsam aufzutreten. Bereits 1919 wurde der „Verband der Deutschen Großrumäniens" gegründet, in dem die Sachsen die führende Rolle einnahmen. Der Verband trat als politische Organisation auf Lokalebene und im Parlament auf und vertrat die Interessen der gesamten deutschen Minderheit.

Indem die Deutschen Rumäniens Loyalität gegenüber dem neuen Vaterland mit dem von diesem zugestandenen Bekenntnis zum Deutschtum verbanden, konnten sie bis 1944 ihre ethnische Existenz als deutsche Minderheit erfolgreich verteidigen, gerieten aber in den 30er Jahren in den Sog des nationalsozialistischen Deutschen Reiches. Ihre Volkstumspolitik wurde mit der des Dritten Reiches gleichgeschaltet, und die wehrfähigen rumäniendeutschen Männer wurden 1943 mit Einwilligung Rumäniens in die Waffen-SS und die Wehrmacht eingezogen. Das führte zur Katastrophe, als Rumänien, der wichtigste Verbündete des Deutschen Reiches im antisowjetischen Krieg, am 23. August 1944 das Kriegsbündnis mit dem Deutschen Reich kündigte, diesem sogar den Krieg erklärte und zu den Alliierten wechselte. Die Deutschen Rumäniens wurden nun, ohne das Maß individueller Schuld zu beachten, insgesamt zu Faschisten und Kollaborateuren Hitler-Deutschlands erklärt. In dem kommunistisch gewordenen Rumänien wurden die Rumäniendeutschen allerlei Repressalien, Verfolgungen, Deportationen und Enteignungen und einer auf Assimilation ausgerichteten minderheitenfeindlichen Politik ausgesetzt. Das bewog die Deutschen Rumäniens, sobald sich dafür Möglichkeiten boten, das Land zu verlassen und in die Bundesrepublik Deutschland auszusiedeln, zum geringen Teil auch nach Österreich. Da zu Anfang der 1990er Jahre auch das postkommunistische Regime durch seine wirtschaftlich-soziale und nationalistische Politik zunächst kein Vertrauen weckte, nahm die Aussiedlung noch größere Ausmaße an. Nach der Volkszählung von 2011 lebten in Rumänien nur noch 36.042 Deutsche, davon 15.281 im Banat und 11.643 in Siebenbürgen, wobei es sich hauptsächlich um ältere Personen handelte. Es läuft zur Zeit in Deutschland und Österreich auf staatlicher, kirchlicher, landsmannschaftlicher und privater Ebene eine Reihe von Hilfs- und Förderprogrammen, um den in Siebenbürgen Verbliebenen ihre Existenz zu sichern bzw. ältere Personen zu versorgen. Auf den Dörfern leben zumeist nur noch einige betagte Menschen. Es wurden mehrere Altenheime, ärztliche Kabinette, Küchen, die „Essen auf Rädern" verteilen, und andere Betreuungsstellen errichtet.

Nach der politischen Wende von 1989/90 konnten die Deutschen Rumäniens eigene Lokal-, Kreis- und Zentralorgane für die Vertretung ihrer Interessen gründen, es sind dies die sogenannten „Foren der Deutschen in Rumänien". Es bestehen in Rumänien in den Städten und einigen größeren Gemeinden weiterhin deutsche Schulen. Infolge der massiven sächsischen Abwanderung gibt es aber in diesen Schulen sehr wenig deutsche Schulkinder, im allgemeinen nicht mehr als fünf Prozent. Diese sind von nichtdeutschen Mitbürgern sehr gefragt, da letztere sich von der deutschen Sprache bessere Berufschancen versprechen. Die in Siebenbürgen verbliebenen Sachsen dürfen heute ihre Kultur und ihre Bräuche pflegen. Man stellt fest, daß es im Verhältnis zu den vorhandenen Kräften noch ein beachtliches Kulturleben gibt, das auch von der deutschen Presse – der „Allgemeinen deutschen Zeitung“, der „Karpatenrundschau“ sowie der „Hermannstädter Zeitung“ – unterstützt wird. In deutschen Chören und Tanzgruppen sowie in Blaskapellen wirken aber auch sehr viele nichtdeutsche Mitglieder mit. Ohne solche könnten diese Kulturformationen nicht bestehen. Die evangelische Kirche spielt weiterhin eine große Rolle und betreut ihre Angehörigen, die sich zu Zentralgottesdiensten in einer Ortschaft einfinden, wenn möglich werden sie mit Autos der Pfarrämter dorthin gebracht.

Heute leben Siebenbürger Sachsen außer in Deutschland und Österreich noch verstreut in Amerika und Australien sowie in mehreren Ländern in Diasporagemeinden als Nachkommen von Emigranten des 19. Jahrhunderts sowie der Zwischen und Nachkriegszeit. Die Gesamtzahl der „Sachsen“ außerhalb Siebenbürgens wird geschätzt auf: 250.000 in Deutschland, 40.000 in Österreich, 100.000 in den USA und 8.000 in Kanada sowie einige hundert in anderen Staaten. Nach den oben genannten Zahlen gäbe es heute über 400.000 Sachsen bzw. Personen mit sächsischen Vorfahren. Wie lange man einen Teil davon noch zum Sachsentum zählen kann, bleibe dahingestellt. Am stärksten assimiliert sind die „Sachsen“ in den USA, von denen sich einige Tausend zu ihrem Volkstum bekennen, aber zum weitaus größten Teil nur noch Englisch sprechen.

Die in der Bundesrepublik Deutschland, in Österreich, den USA und Kanada sich noch ihres Volkstums bewußten Siebenbürger Sachsen bemühen sich, ihr Kulturerbe durch viele Einrichtungen und Veranstaltungen weiter zu pflegen und zum Erhalt ihrer Kulturdenkmäler in Siebenbürgen beizutragen. Für den Großteil der Siebenbürger Sachsen ist das deutsche Mutterland aber zu ihrem Vaterland geworden. Sie sind dankbar, daß sie hier in Freiheit als Deutsche unter Deutschen ihre Zukunft gestalten können.

Mühlbach – Das Gynmnasium, Giebelinschrift „Bildung ist Freiheit“ (1865)

3) Kulturerbe der Siebenbürger Sachsen

Dank ihrer nur während ettlicher Jahre nach 1945 verbotenen Verbindung zu Deutschland haben alle bedeutsamen wirtschaftlichen Errungenschaften sowie die geistigen und künstlerischen Strömungen Mitteleuropas bei den Siebenbürger Sachsen Aufnahme gefunden. Auf wirtschaftlichem Gebiet verdankt Siebenbürgen den Sachsen die Gründung einer Städtekultur mit blühendem Handwerk, Handel und Zünften sowie einer auf einem höheren Niveau praktizierten Landwirtschaft. Sächsische Kaufleute vermittelten jahrhundertelang den Handel zwischen Okzident und Orient. Auf wirtschaftlichem Gebiet blieben die Sachsen bis zu ihrer Enteignung (1945 bzw. 1948) führend.

Die Sachsen haben in fast neun Jahrhunderten ein reiches Kulturerbe geschaffen. Romanik, Gotik, Renaissance,

Kronstadt – Das Honterusgymnasium

Barock und andere Stile prägten auch in Siebenbürgen die künstlerische Entwicklung, insonderheit im Bauwesen. Die von Wehrmauern, Türmen und Bastionen umringten Städte mit ihren romanischen und gotischen Kirchen, dem Marktplatz mit Rathaus sowie den Straßen mit ihren alten Patrizierpalästen und Bürgerhäusern sind bis heute Ebenbilder deutscher Städte. Eine besondere Eigenart erhielt die siebenbürgisch-sächsische Kulturlandschaft durch die große Anzahl von Kirchenburgen, die zu einem Symbol des Behauptungswillens ihrer Erbauer gegen die Widrigkeiten des ihnen auferlegten Schicksals wurden. Die Stadt- und Dorfkirchen bargen wertvolle Altäre, Taufbecken, Kelche, Kanzeln, Gestühle, Orientteppiche, Orgeln und andere Schätze. Die Pfarrhäuser verwahren zum Teil Jahrhunderte alte Archive.

Die Siebenbürger Sachsen waren zu Recht stolz auf ihr allgemeines Schulwesen. Bereits zur Zeit der Reformation dürfte es in jeder Gemeinde eine Schule gegeben haben, und im Jahre 1722 beschloß die evangelisch-sächsische Synode die Einführung der allgemeinen Schulpflicht für Jungen und für Mädchen. Hunderte von Absolventen der Gymnasien haben seither deutsche Universitäten besucht und den akademischen Nachwuchs für Gymnasiallehrer und Pfarrer gesichert, sowie die geistige Verbindung zur deutschen Kultur und deren Wirkungsstätten aufrechterhalten.

Zudem widmeten sich sächsische Professoren vor allem seit dem 19. Jahrhundert neben ihrem Beruf der wissenschaftlichen Forschung und machten sich dadurch einen Namen in der Gelehrtenwelt. Daraus ergaben sich wissenschaftliche und kulturelle Verbindungen zu Gelehrten und Institutionen in Deutschland.

Die Sachsen waren bis zu ihrer Enteignung und Verfolgung durch das kommunistische System auf wirtschaftlichem und kulturellen Gebiet führend. Ihr Vereinswesen und andere gesellschaftliche Einrichtungen waren beispielgebend für die Mitbewohner anderer Volkszugehörigkeit. Zahlreiche sächsische Persönlichkeiten haben sich um ihr Volk und um das Land verdient gemacht, einige es auch im Ausland zu Ansehen gebracht. Wir nennen stellvertretend den Humanisten und Reformator Johannes Honterus, den Gubernator und Stifter des nach ihm benannten Museums Samuel von Brukenthal, den Schul-, Kirchen- und Volksmann Stephan Ludwig Roth, den Historiker und Bischof Georg Daniel Teutsch, und den Vater der Weltraumfahrt Hermann Oberth. Die Siebenbürger Sachsen haben auf diese Weise eine eigene deutsche Kultur gestaltet und durch ihr Wirken die gesamtdeutsche Kultur bereichert. Sie sind auch heute noch bemüht, dieses Kulturerbe sowohl in Siebenbürgen wie auch in ihren neuen Heimatländern zu pflegen. Die sichtbarsten Zeugen dieses Kulturerbes sind die historischen Baudenkmäler, denen wir uns nun widmen wollen.

B) Baudenkmäler der Siebenbürger Sachsen

1) Das sächsische Dorfbild in seiner Entwicklung

Wir können uns heute schwer vorstellen, wie die siebenbürgisch-sächsischen Siedlungen mit ihren Häusern in den ersten Jahrhunderten ihres Bestehens ausgesehen haben, da wir durch mittel- und unmittelbare Anschauung bloß ein Bild von Dörfern und Städten haben, wie sie sich vor allem seit dem 18. und 19. Jahrhundert erhalten haben und uns überliefert wurden. Auch über die Zahl der Einwanderer und über die Größe der Urdörfer sind ältere Ansichten zu korrigieren. Die Ursiedlungen zählten selten über 20 Anwesen, 50 Höfe waren schon die Ausnahme. Für Südsiebenbürgen wurde ein Durchschnitt von bloß 17 Höfen für ein Urdorf errechnet.

Anfangs waren alle Siedlungen Dorfanlagen, hieß doch auch Hermannstadt zuerst „Villa Hermani", also Hermannsdorf. Bei ihrer Ankunft in Siebenbürgen mußten die Kolonisten bestrebt sein, sich ein Dach über dem Kopf zu errichten. Man darf annehmen, daß das sächsische Bauernhaus wie im Deutschland damaliger Zeit nur aus einem oder zwei Räumen bestand, deren Wände aus einem mit Lehm beworfenen Rutengeflecht oder aus bohlenen Baumstämmen bestanden, während das Dach mit Schilf oder Stroh gedeckt war. Sicherlich gab es auch Erdhütten. Die Hofanlage und die Bauweise hielten sich dabei an das fränkische Dorfbild der Gebiete am Rhein und an der Mosel, aus denen ein Großteil der Siedler stammte. Danach war der Bauernhof wie folgt angelegt:

An das Wohnhaus an der Straße schlossen sich in einer Front nach hinten die Wirtschaftsgebäude und Stallungen an. In dem jüngst (2013) erschienenen Buch über „Das sächsische Bauernhaus in Siebenbürgen" von Jan Hülsemann heißt es, die architektonischen Gemeinsamkeiten sächsischer Dörfer mit Dörfern am Rhein und der Mosel seien unübersehbar. Die Geschichte des Holzbaus wie des Massivbaus in Siebenbürgen war eng mit der sogenannten fränkischen Bauweise der Rheinlandes verknüpft. Danach wurden die Wirtschaftsgebäude auf Siebenbürger Höfen als Blockbauten oder in Blockständerbauweise errichtet. Auch eine Verwandtschaft mit Umgebindehäusern und Blockbauten im Spreewald ist nicht zu leugnen. Überraschend seien die sächsischen Scheunen mit angelatteten Verbindungen, die nahtlos an norddeutsche Scheunen anknüpften, aber im Gegensatz zu diesen selbst bei Neuerrichtungen im 20. Jahrhundert ihren mittelalterlichen Charakter bewahrt hätten. Auch sonst könne man feststellen, so Hülsemann, daß in Siebenbürgen Architektur- und Konstruktionsformen überlebt hätten, die in Europa seit dem Mittelalter überholt und ausgestorben seien.

Diese Ähnlichkeit zwischen siebenbürgisch-sächsischen und reichsdeutschen Dörfern und Städten ist Reisenden und Besuchern aus Westeuropa schon früh aufgefallen. So schrieb beispielsweise der Franzose Auguste de Gérando, verheiratet mit der ungarischen Adelige Emma Teleki, nachdem er mehrere Jahre in Siebenbürgen gelebt und das Land in den 1830er Jahren bereist hatte, 1845/47 in französischer Sprache ein zweibändiges Werk „La Transylvanie et ses Habitants“ über seine Reiseeindrücke. Das Buch erschien auch in deutscher Übersetzung in Leipzig unter dem Titel „Siebenbürgen und seine Bewohner“. Darin heißt es u. a.: *„Schon das Äußere des Sachsen verrät nicht nur seine Abstammung, sondern auch seine Sitten und seine Lebensweise. Es ist nicht schwer, in diesen großen und starken, ein wenig schwerfälligen Menschen mit dem gutmütigen, offenen Gesicht den Deutschen zu erkennen ...! Erblickt man ihre (der Sachsen) geräumigen Dörfer, ihre weißen Häuser mit den grünen Jalousinen, so glaubt man, sich im Elsaß zu befinden.“ Und die Augen „dieser blonden Kinder, die man um sich sieht“,* heißt es fortfahrend, scheinen die Gewässer des Rheins zu widerspiegeln. Gérando weist auch auf die Ähnlichkeit zwischen Städten im Reich und in Siebenbürgen hin.

Kehren wir nun zur Einwanderungszeit der Siebenbürger Sachsen zurück. Bei der Inbesitznahme einer Gemarkung erhielten die Siedler gleich große Hofstellen und Anteile (Gewanne) auf der Dorfflur. Auch bei Anwachsen der Bevölkerung hielt man sich über lange Zeit daran. Die Gemeinden wurden in der Regel im Talgrund meistens entlang eines Baches als Zeilendörfer angelegt, die sich dann zu Straßendörfern entwickelten, wobei sich Hofstelle an Hofstelle reihte. Diese bildeten dadurch geschlossene Straßenzüge. Streusiedlungen sind nicht bekannt. Die Kirche baute man an zentraler Stelle des Dorfes, mit Vorliebe auf einer Anhöhe, wenn es eine solche inmitten der Gemeinde oder in unmittelbarer Nähe gab. In dem Maße, in dem die Dorfbevölkerung sich vermehrte – und sie wuchs in den ersten Jahrhunderten sehr rasch an –, wurden bei Verlängerung der Hauptstraße oder bei der Anlage von Nebengassen neue Hofstellen ausgewiesen. Die Dorferweiterungen sind an Straßennamen wie Neu-, Hintere, Obere, Untere, Kleingasse u. a. zu erkennen. Jene Dörfer, die sich zu Städten oder Marktflecken entwickelten, legten bei der Erweiterung der Ortschaft einen zentralen Marktplatz an, von dem parallele Hauptstraßen und Nebengassen ausgingen. Auch auf den Dörfern entstand oft ein Anger in der Dorfmitte.

Die Landlergemeinde Großau

Die ersten Steinbauten – Kirchen, Klosteranlagen, Fluchtburgen und Burganlagen von Gräfengeschlechtern[1] – wurden im 13. Jahrhundert errichtet. Im 14. Jahrhundert tauchten in Siedlungen, die sich zu Städten entwickelten, die ersten gemauerten Wohnhäuser auf. Auf dem Lande hingegen blieb die Kirche noch über Jahrhunderte meist der einzige Steinbau, nun vereinzelt errichteten wohlhabende Familien, beginnend im 16. Jahrhundert, auch gemauerte Häuser. Letztere sind auch im 17. Jahrhundert noch selten anzutreffen. Erst im 18. Jahrhundert beginnt sich allmählich auch in den Dörfern ein sichtlicher Wandel vom alten strohgedeckten Holzhaus zum Stein- oder Ziegelbau zu vollziehen. Die neue Bauweise ergab sich nicht nur als Folge des wirtschaftlichen Fortschritts, sondern auch als Maßnahme zur Bekämpfung der Feuersbrünste, von denen die geschlossenen Siedlungen immer wieder heimgesucht wurden. Vor allem die Strohdächer bildeten wegen des Rauchabzugs von der Herdstelle eine große Brandgefahr.

Im Jahre 1754 ordnete der Kronstädter Magistrat für die Burzenländer Gemeinden an, es solle künftig *„kein neu aufzuführendes Haus von Holz“* errichtet, sondern aus Ziegeln gemauert werden. Wie aus Reisebeschreibungen hervorgeht, waren im Burzenland in den Zwanzigerjahren des 19. Jahrhunderts tatsächlich die meisten Häuser schon gemauert. Der englische Reisende John Paget vermerkt 1842 in seiner Reisebeschreibung über Siebenbürgen, daß die meisten Häuser der Sachsen *„gut gebaut“* waren und *„sich stets einige Fuß über dem Boden“* erhoben. Die meisten Häuser, die heute zum Kulturerbe der Sachsen gehören, wurden aber erst im 19. Jahrhundert errichtet.

Die ersten gemauerten Häuser des 16. und 17. Jahrhunderts waren Nachbildungen der bisherigen Holzhäuser. Erst im 18. Jahrhundert übernahmen auch auf dem Lande die

1 Die Siebenbürger Sachsen nannten ihre Adeligen Gräfen

gemauerten Häuser die spitzgiebelige Bauform der städtischen Häuser, die mit abgewalmtem Giebel (Krüppelwalmdach) im 19. Jahrhundert zur charakteristischen sächsischen Hausfassade wurden. Mit dem Aufkommen von Ziegel- oder Steinbauten änderten sich nicht nur das Baumaterial und die Häuserform, sondern auch der Wohnkomfort. Die „Stuben“ wurden geräumiger, erhielten höhere Decken und größere Fenster, während aus dem gemauerten Ofen der Rauch durch den ebenfalls gemauerten, vor Brand schützenden Schornstein abzog. Neben dem Wohnraum („Haus“, „Küche“) und der vorderen Stube baute man, wenn auch nicht allgemein, eine hintere Stube. Ein Backofen und eine Sommerküche im Hof kamen hinzu, nicht selten ein Stübchen für die Alten. An der Hofseite erhielt das Haus eine Laube. Der Gasse zu wurde der Hof durch die Hausfassade, eine gemauerte rundbogige oder waagerecht abgeschlossene Toreinfahrt, durch ein Gassentürchen und, wenn noch Platz war, durch eine Mauer abgeschlossen. Da die Häuser und Hofeinfahrten mit den Nachbargebäuden verbunden waren, bildete die Straßenfront eine zusammenhängende Schutzmauer.

Gemeinde Waldhütten – Gasse mit typischen südsiebenbürgisch-sächsischen Häuserfassaden

Die Hinterhöfe waren durch querstehende Scheunen abgesperrt. Mit den Scheunen der Nachbarn, die sich auf derselben Linie anschlossen, bildeten sie eine zweite, hintere Absperrung der Höfe.

In seinen Visitationsberichten von 1870 bis 1886 stellte Bischof Georg Daniel Teutsch, der alle Ortschaften besucht hatte, mit Befriedigung fest, daß in den meisten Gemeinden stattlich gemauerte Wohnhäuser standen, und vermerkte mit Genugtuung, daß auch in den ehemaligen Untertanensiedlungen sich die Lage wesentlich verbessert habe. In Michelsdorf hatte, wie Teutsch festhält, ein Bauer an seinem Giebel folgende Inschrift angebracht: *„Frisch auf ihr Sachsenbrüder, / Nur immer frohen Muth!/ Reißt die Strohdächer nieder, / Rote Ziegeln stehen gut. / Doch wollt ihr mit Ziegeln decken, / Laßt Euch nicht (durch) die Weiber aufwecken.“*

Nach der Beschreibung von Adolf Schullerus (1926) bot ein sächsisches Dorf mit seinen Häusern nach dem Ersten Weltkrieg folgendes Bild:

„In gut fränkischer Art sind Wohnhaus, Stallungen, Scheune, Schopfen nicht unter einem Dach vereinigt, sondern sie

Siebenbürgisches Haus mit phanatasievoller Giebelgestaltung

umschließen in verschiedenen Gebäuden den Hofplatz. Die Hofstelle ist nicht allzu breit, doch immerhin so, daß die Stirnseite Platz für ein zweifenstriges Wohnhaus, Gassentüre und Tor hat und daran anschließend bis zum Nachbarhof noch einige Meter freien Raum läßt. Öfters ist auch dieser Platz durch ein zweites Haus ‚für die Alten' verbaut oder wird als Holzlagerstelle, Gärtchen, zum Bau eines Schopfens, Kellers, Backofens usw. verwendet.

Die Häuser sind gegenwärtig in wohlhabenden Gegenden durchwegs, in ärmeren auch zum größten Teil gemauert, der Unterbau, zum mindesten auch die obere Hälfte des Kellers umfassend, ist aus Bruchsteinen, der Oberbau aus Ziegelsteinen aufgebaut ... Das Dach ist in der Regel Ziegeldach. Schindeldächer finden sich in einigen Dörfern nahe an der Szekler Grenze, Strohdächer im fruchtbaren Mittelland auf wenigen Häusern der ärmeren Nebengassen, zahlreicher in den ehemals untertänigen Dörfern und im Nösnerland. Auf 33.007 sächsischen Wirtschaftshöfen stehen noch 1586 Wohnhäuser mit Stroh gedeckt, davon allein im Nösnerland 703 ... In einigen Nebengassen und in ärmeren Dörfern findet sich noch das Bohlenhaus. ... Das Ziegeldach ist an der obersten Spitze der Stirnseite traulich abgewalmt, an dem Giebel trägt es gern fromme und ernst bedenkliche Sprüche, die angeben wollen, wen und was man hinter diesem wohlverschanzten Mauerwerk zu finden hat: Frommen Glauben, Demut, Arbeitsamkeit, aber auch hochfahrenden Sinn, kekke Herausforderung ...

Von der Gasse tritt man über den ‚Gassendirpel' durch das Gassentürchen in den Hof. Gassentürchen und Tor sind von einem gemauerten Torbogen überwölbt, der so hoch sein soll, daß der Reiter, im Steigbügel des Sattelpferdes sich aufrichtend, mit der Peitsche oben nicht anlangt. In ärmeren Gassen und Dörfern tut's auch ein Türchen oder Tor im Bretterzaun ... Das Wohnhaus ist nur in wenigen Fällen

– wie im Burzenland und in Nordsiebenbürgen – der Gasse zu quergestellt, in den meisten Fällen sieht die Langseite in den Hof. Es besteht seinem Grundriß nach aus (2 bis) 3 Haupträumen. In der Mitte der Langseite vom Hof aus führt eine überdachte Treppe in den mittleren Raum, ‚det Hous' schlechthin genannt. Links, der Gasse zu, ist die ‚Stube', mit zwei Fenstern auf die Gasse und einem in den Hof, rechts die ‚hinterste Stube'. Die Überdachung der Treppe ist gewöhnlich zu einem kleinen Raum mit Fenstern erweitert (‚de Lif', ‚Laube'), darunter der Kellereingang. Zuweilen wird die ‚Lif' als ein 1-1,5 m breiter, aus Bruchsteinen aufgebauter Laubengang die ganze Hofseite entlang geführt ...“

Bei den mit der Langfront der Gasse zugekehrten Häusern erfolgt der Zugang über Treppen von der Straße.

Neben den Wohnhäusern gab es Gemeinschaftsbauten, neben der Kirche bzw. Kirchenburg, dem Pfarrhaus und der Schule in neuerer Zeit auch Rathaus, Gemeindesaal, Feuerwehrhaus, Gemeindewaage, Mühle, Gemeindestallungen u. a. Sie unterschieden sich zweckbedingt in ihrem Aussehen

Gemeinde Heidendorf in Nordsiebenbürgen. Häuserzeile mit der Lang- und Traufseite an der Straße

von den Bauernhäusern und waren meistens von Anfang an Steinbauten.

Dieses Dorfbild ist fast unversehrt bis nach dem Zweiten Weltkrieg erhalten geblieben.

Von dem sächsischen Siedlungsblock der Gemeinde hoben sich die Wohnviertel der Rumänen, Ungarn und Zigeuner ab, deren Zahl seit dem 17./18. Jahrhundert kontinuierlich zunahm.

Sächsische Häuser, die nach der Flucht der Nordsiebenbürger Sachsen im Herbst 1944, in Südsiebenbürgen nach der Agrarreform von 1945 zum Teil enteignet und von Rumänen sowie Zigeunern bezogen wurden, konnten nach ihrer 1956 erfolgten Rückgabe an die rechtmäßigen Besitzer wieder so instand gesetzt werden, daß sie ihr Aussehen auch in der kommunistischen Zeit behielten. Die Wirtschaftsgebäude aber wurden nach Enteignung und Kollektivierung der Landwirtschaft nicht mehr gebraucht und daher zweckentfremdet oder gar abgerissen. Besonders in stadtnahen Gemeinden ging man teilweise daran, Häuser zu „modernisieren“, indem Fenster erweitert und neue Räume – für ein Badezimmer etwa – oder eine Zweitwohnung, entsprechend den höheren Ansprüchen bzw. für eine weitere Familie angebaut wurden. In Nordsiebenbürgen blieben die Häuser der von der Flucht nicht zurückgekehrten Sachsen im Besitz der neuen Bewohner.

2) Städtebauliche Entwicklung

14. bis 16. Jahrhundert. Außer der Ortschaft Rodna, welche schon während des Tatareneinfalls (1241) als „Stadt“ bezeichnet wurde, dann aber verfiel und in Bedeutungslosigkeit versank, haben sich sonst die siebenbürgisch-sächsischen Städte erst im 14. Jahrhundert aus Dörfern entwickelt, so Hermannstadt, Kronstadt, Klausenburg, Bistritz, Schäßburg, Mühlbach und etwas später Mediasch. Zugleich entstanden in diesen Ortschaften die ersten Steinhäuser. Darunter befanden sich auch einige Bergfriede von Gräfengeschlechtern, möglicherweise zum Teil schon im 13. Jahrhundert errichtet. In Hermannstadt dürften sowohl in der Unter- als auch in der Oberstadt gegen Ende des 14. Jahrhunderts eine Anzahl von frühgotischen, gemauerten Häusern gestanden haben. Für das Jahr 1370 ist auf dem Kleinen Ring die Zunftlaube der Fleischhauer bezeugt, die, restauriert, sich bis in unsere Zeit erhalten hat und, als „Schatzkästlein" bezeichnet, heute ein Museum beherbergt. Bis ins 15. Jahrhundert waren gemauerte Steinhäuser dennoch selten, selbst am Marktplatz waren die meisten Gebäude aus Holz. Erst danach erfuhr das Stadtbild eine wesentliche Veränderung durch die Vermehrung der Stein- und Ziegelhäuser und deren bauliche Vielfalt. Vor allem um den Marktplatz, wo die wohlhabenden Familien wohnten, entstanden insonderheit nach 1450 aufgestockte Patrizierhäuser oder breitangelegte Handwerkergebäude mit Werkstätten, Verkaufs- und Lagerräumen im Erdgeschoß, mit Wohnräumen im Obergeschoß. Die Fassaden waren allgemein einfach und wiesen an Fenstern und Toren gotische

Hermannstadt – Dachluken, die „Hermannstädter Augen"

oder Renaissanceprofile auf. Die Dächer waren zunächst mit Schindeln, selten mit Ziegeln gedeckt. Um die Mitte des 16. Jahrhunderts war etwa ein Drittel der Häuser schon gemauert, während um 1600 in den Innenstädten die meisten Holzhäuser ersetzt worden waren, darunter eine größere Zahl mit einem oder sogar zwei Stockwerken und mit Ziegeldächern versehen. Auf diese Weise präsentierte sich um die Hauptplätze und am Anfang der vom Marktplatz ausgehenden Straßen eine geschlossene Bauweise. In Hermannstadt, Klausenburg und Kronstadt dürfte es jeweils 70 bis 80 Bauten dieser Art gegeben haben, in Bistritz und Schäßburg annähernd 50, weniger in Mühlbach und Mediasch.

Einen besonderen Platz nahmen dabei die Patrizierhäuser ein, die nicht nur über eine größere Anzahl von Räumen verfügten, sondern in einigen Fällen, adlige Burgen nachahmend, Wohntürme, Hauskapellen und Repräsentationsräume aufwiesen, die mit aufwendigen Tür- und Fenstereinfassungen, Erkern und Loggien ausgestattet waren.

Wie auf Stichen ersichtlich, hatten die meisten Häuser ein Satteldach mit spitzem Giebel. Daneben gab es aber – vor allem in Hermannstadt – nicht wenige Gebäude, deren Langseite mit der Traufe der Straße zugekehrt war. Am Stadtrand standen, wie auf den Dörfern, weiterhin niedrige strohgedeckte Holzhäuser.

Aus dem 16. Jahrhundert besitzen wir die ersten mehr oder weniger genauen Beschreibungen von Ortschaften, so von Georg Reicherstorffer in seiner „Chorographia Transylvaniae“ (1550). Über Hermannstadt heißt es darin u. a., daß es durch *„großartige Gebäude, Türme und Basteien geschmükket“* sei. Aus einem Bericht des Italieners Giovandrea Gromo aus dem Jahre 1565 an den Fürsten Johann Sigismund erfahren wir über Hermannstadt u. a.: *„Drinnen in der Stadt sind die Häuser von Stein, geräumig, bequem, doch sind es keine Paläste.“* Über Kronstadt berichtet er, daß es *„eine*

Hermannstadt – Das Haller-Haus in der Mitte der Häuserfront mit „Hermannstädter Augen“

Der Löwe am Haller-Haus

der schönsten Städte des ganzen Landes“ sei, „*was Gebäude, Straßen und Bevölkerung*“ anbelange, die Häuser seien „*schön*“. Klausenburg beschreibt er als eine „*große und reiche Handwerkerstadt*“, ... „*ganz aus Steinen gebaut, mit den schönsten Häusern und Straßen.*“ Mühlbach hatte nach seiner Darstellung das „*Aussehen einer echten Stadt*“ mit

„großen Häusern". Weniger entzückt war Gromo von Mediasch, das nach seiner Beschreibung *„sehr im Verfall und nur schwach bevölkert"* sei. *„Die Häuser sind"* – so heißt es fortfahrend – *„größtenteils aus Stein und sehr schön gebaut, aber viele noch aus Holz. Die Gassen sind zum Teil mit hölzernen Balken gepflastert und äußerst kotig; mit einem Wort, das scheint mir die traurigste Stadt im ganzen Land zu sein."*

Alle Ortschaften sind im Mittelalter öfters von Feuersbrünsten heimgesucht worden, da Holzhäuser, Schindel- und Strohdächer bei den offenen Herden und primitiven Rauchfängen leicht in Brand gerieten. Aus der Zeit bis um 1600 sind Großbrände bezeugt aus Bistritz (1457, 1602), Mediasch (1588), Mühlbach (1495), Schäßburg (1528), Kronstadt (1558) und Hermannstadt (1556, 1570). Bei der Feuersbrunst von 1556 in Hermannstadt wurden 556 Gebäude ein Raub der Flammen, wobei 81 Menschen den Tod fanden. Kaum notdürftig wieder aufgebaut, vernichtete ein weiterer Großbrand 1570 fast die ganze Stadt, insgesamt 1306 Gebäude. Daraufhin wurde eine neue Feuerlöschordnung zur Verhinderung von Bränden eingeführt. Trotzdem hat es immer wieder Großbrände gegeben, nach denen das Stadtbild beim Wiederaufbau bauliche Veränderungen erfuhr.

Zum Löschen stand Wasser aus offenen Gräben und Kanälen zur Verfügung, die aus einem nahe gelegenen Fluß gespeist wurden und durch die Hauptstraßen flossen. Sie dienten der gewerblichen und häuslichen Wasserversorgung, dem Betrieb von Mühlen und der öffentlichen Bäder, insonderheit aber als Abflußkanäle zur Reinigung der Stadt. An ihnen konnte man auch Wäsche waschende Frauen sehen. Für die Versorgung mit Trinkwasser gab es an mehreren Stellen Zieh- und Schöpfbrunnen. Im Jahre 1584 führte Hermannstadt eine Röhrenwasserleitung ein, die mittels Holzröhren durch die Heltauergasse das kostbare Naß bis auf den großen Ring führte. Von hier holte man sich nicht

Hermannstadt – Großer Ring (Marktplatz), v.l.nr: Brukenthalmuseum, Gebäude der Bodenkreditanstalt (heute Rathaus) und katholische Kirche

nur Trinkwasser, sondern es standen daselbst Tröge, aus denen das Vieh getränkt werden konnte. In den folgenden Jahrhunderten wurden Verzweigungen der Leitung angelegt, die auch andere Straßen mit Wasser versorgten. Ähnlich funktionierte die Wasserversorgung in anderen Städten.

Neben bürgerlichen Wohnungen besaßen die Städte natürlich eine Reihe von Gemeinschaftsgebäuden wie Rathaus, Schule, Spital, Badestube und Gasthäuser. Die Zünfte errichteten auf den Marktplätzen Lauben, in denen sie ihre Waren feilboten. In jeder Stadt bestanden bis zur Reformation mehrere Klöster. Aus dem Häusermeer ragten die Kirchen mit ihren Türmen empor, während Ringmauern mit Wehrtürmen und Basteien die Stadt umgaben. Sie werden an anderer Stelle dieser Schrift beschrieben.

Von den Häusern des 14. bis 16. Jahrhunderts haben sich nur wenige bis in unsere Zeit erhalten. Auch jene, die heute noch stehen, erlebten durch Umbauten und Restaurierungsarbeiten Veränderungen. Dem Stile nach handelt es sich um Gotik- und Renaissancebauten. Zu den erhaltenen repräsentativbürgerlichen Renaissancegebäuden des 16. Jahrhunderts gehören in Klausenburg das sogenannte Wolphard-Haus, in

Hermannstadt – Kleiner Ring

Kronstadt – das Hirscher-Haus

Mühlbach – das Zapolya-Haus

Bistritz – Der Kornmarkt, lnks Pfarrhaus, anschließend gotische Arkaden aus dem 15. Jahrhundert

Hermannstadt mehrere auf der Südseite des Großen Ringes gelegene Gebäude, von denen das Haller-Haus das bedeutendste ist, ferner das Stadtpfarrhaus sowie das alte Rathaus; in Bistritz das sogenannte Goldschmiedehaus in der Beutlergasse und das Haus von Johann dem Maurer (Lapicida) in der Holzgasse, sowie der als „Kornmarkt" bekannte Laubengang, in Kronstadt das „Kaufhaus" bzw. Hirscher-Haus auf dem Marktplatz, in Mediasch das jüngst restaurierte Schuller-Haus und in Mühlbach das Zapolya-Haus.

17. bis 18. Jahrhundert. Das 17. Jahrhundert war eine Zeit verheerender Bürgerkriege, eine Zeit des Schreckens ohne Ende, wie Georg Daniel Teutsch schreibt, sodaß keine besonderen städtebaulichen Höhepunkte zu verzeichnen sind, obwohl natürlich auch gebaut wurde, vor allem nach kriegsbedingten Zerstörungen und Bränden. Es gab weiterhin fürchterliche Stadtbrände, von denen jener in Kronstadt im Jahre 1689 der bekannteste und folgenschwerste war, dem die gesamte Innenstadt zum Opfer fiel. Ein Kronstädter Augenzeuge, Marcus Fronius, berichtet: *„Das meiste in der Stadt verbrannte, sodaß man kaum noch drei oder vier Dä-*

cher sah. Vielen ist nichts geblieben als die Kleider, in denen sie geflüchtet." Es soll 200 bis 300 Tote gegeben haben. Bei dem nun folgenden Wiederaufbau blieb die mittelalterliche Architektur auf der Strecke. Außer dem restaurierten Hirscher-Haus stammen heute die ältesten Häuser der Stadt aus der Zeit nach diesem Brand, bloß in den Grundmauern ist noch ältere Bausubstanz vorhanden.

Nach dem Ende der Türkenherrschaft (1686) und des Kuruzzenkrieges (1713) folgte nach Jahrhunderten wiederholter Verwüstungen durch Kriege bis heute eine Zeit, in der, mit einigen Ausnahmen, Siebenbürgen keine Kriegszerstörungen mehr erlebt hat. Das 18. Jahrhundert brachte daher auch eine Belebung der Bautätigkeit. Innerhalb der Stadtmauern, wo nur Deutsche das Recht hatten, Häuser zu erwerben, gab es längst keine freien Grundstücke mehr. Dafür wuchsen die Vorstädte hinfort stärker an, in denen sich immer mehr Rumänen, Zigeuner, Armenier und Griechen niederließen. Die städtebauliche Erweiterung erfolgte somit seither in den Außenvierteln, während die Stadtkerne ihr mittelalterliches Gepräge beibehielten und bloß durch Um- oder Neubauten, den jeweiligen Stilrichtungen mehr oder weniger folgend, ihr Erscheinungsbild änderten.

Durch das Konzivilitätsreskript Kaiser Josephs II. von 1780 wurde das exklusive Häuserbau- und Besitzrecht der Sachsen in den Städten aufgehoben; dies hatte aber außer in Kronstadt bis um 1850 keine größeren Auswirkungen. Die Innenstädte blieben weiterhin deutsch.

Hermannstadt, das von 1692 bis 1792 Hauptstadt des Fürstentums Siebenbürgen und damit Sitz des Guberniums, des Thesaurariats (Schatzmeisteramts) und des Militärgeneralkommandos war und somit viele Staatsbeamte und Militär beherbergte, erlebte in dieser Zeit einen Aufschwung beim Hausbau. In der Altstadt wurden mehrere Häuser abgetragen und zum Teil durch Barockbauten ersetzt. Vor allem das in den Jahren 1778-1785 von Gubernator Samuel von Brukenthal am Großen Ring errichtete Palais setzte einen städtebaulichen Akzent und regte Patrizierfamilien zur Nachahmung an. Dazu gehörten der Palast von Michael von Brukenthal in der Reispergasse und das Fileck-Haus (heute evangelisch-sächsisches Bischofspalais). Das Gymnasium erhielt desgleichen 1782 einen stattlichen Barockbau am Huetplatz, in dem heute das Brukenthal-Lyzeum untergebracht ist. Auch wenn die übrigen Neubauten viel bescheidener ausfielen und keine kostspieligen barocken Ausgestaltungen aufwiesen, stellte sich doch ein allgemeiner Trend ein, die Wohnräume behaglicher und bequemer einzurichten. Ein Großteil des heutigen Baubestandes des Stadtkerns geht auf dieses Jahrhundert zurück. Ab 1740 wurden auch einige Straßen gepflastert. 1787 überließ die Stadt den „dicken Turm" dem Buchdrucker Martin von Hochmeister, der darin ein Theater mit Rokokoausstattung einrichtete. In Reisebeschreibungen wurde Hermannstadt gelegentlich mit Wien verglichen, nur daß es kleiner sei. Nur Kronstadt und Klausenburg konnten mithalten, was die bauliche Gestaltung betrifft. In Klausenburg, das längst eine magyarische Stadt geworden war, bauten im 18. Jahrhundert ungarische Adlige stattliche Barockpaläste. In Kronstadt entstanden in der zweiten Hälfte des 18. Jahrhunderts desgleichen einige Barockbauten, allen voran das 1770-74 neu gestaltete Rathaus auf dem Marktplatz, das C-Gebäude des heutigen Honterus-Lyzeums (1787), das Stadtpfarrhaus (1776), das Haus Nr. 28 auf der Flachszeile u. a. Die meisten Gebäude, die nach dem großen Brand von 1689 errichtet oder aufgebaut wurden, waren weniger aufwendig und stilgerecht. Als Fortschritt empfand man die Pflasterung des Marktplatzes im Jahre 1737.

In den anderen sächsischen Städten hat das Barock außer Kirchen keine bedeutenden Bauten hinterlassen. Erhalten blieben bloß einige Fassaden mit barockem Pilaster- oder

Kronstadt – Der Marktplatz mit Rathausturm (heute Museum)

Giebelschmuck. Jene Häuser aus dem 18. Jahrhunderts die heute in Schäßburg, Bistritz, Mediasch und Mühlbach stehen, sind schmucklose, meist einstöckige Gebäude mit traufseitiger oder spitzgiebeliger Gassenseite und gewölbter Toreinfahrt. Im Hinterhof befanden sich Viehställe. Die Städte blieben bis ins 19. Jahrhundert Acker-Bürgerstädtchen, in denen die Handwerker nebenberuflich weiterhin Landwirtschaft betrieben. Es wurden innerhalb der Stadtmauern Hornvieh, Pferde, Schweine und Geflügel gehalten und im Sommer die Herden morgens auf die Weide und abends wieder heimgetrieben.

19. und Anfang des 20. Jahrhunderts. Städtebaulich ließ sich das 19. Jahrhundert gemächlich an, um dann im letzten Viertel den Übergang von der mittelalterlich geprägten zur modernen Stadt einzuleiten. Der Großteil der Häuser, die heute den Bestand der Altstädte bilden, ist im 19. Jahrhundert durch Umbau bzw. Aufstockung älterer Gebäude entstanden, oder sie wurden an Stelle von Altbauten errichtet. Auch in diesem Jahrhundert wurden umfangreiche Wiederaufbauarbeiten nach Großbränden erforderlich. Die

Stadt Bistritz wurde von solchen fünfmal betroffen – zuletzt 1857, als in der Innenstadt 106 und in der Unteren Vorstadt 44 Häuser abbrannten. Sächsisch-Regen wurde während der Revolution von 1848 von einem Aufgebot szeklerischer Aufständischer in Brand gesetzt und fast ganz eingeäschert. Beim Wiederaufbau erhielt Regen eine städtische Architektur und wurde 1863 zur Stadt erhoben.

Das Anwachsen der Stadtbevölkerung und die beginnende Industrialisierung in den letzten Jahrzehnten des 19. Jahrhunderts erforderten neben mehr funktionalen Anlagen auch eine moderne Infrastruktur – gepflasterte Straßen, Wasserleitungen, Kanalisation, Straßenbeleuchtung, Müllabfuhr, Verbesserung der hygienischen Verhältnisse, öffentliche Verkehrsmittel u. a.

Mit der Straßenbeleuchtung machte Kronstadt den Anfang, Öllampen in mehreren Straßen ab 1804, 1853 ging man zur Petroleum-, 1864 zur Gasbeleuchtung über. Hermannstadt folgte 1820, Bistritz erst 1855, Schäßburg 1858 und Mediasch 1863. Im Jahre 1897 führte Hermannstadt als erste Stadt des Landes eine elektrische Beleuchtung ein, die anderen Städte zogen in dem Maße nach, in dem sie am Anfang des 20. Jahrhunderts Elektrizitätswerke erhielten.

Moderne Wasserleitungen und Kanalisationsanlagen mit Anschluß der Haushalte und Betriebe wurden vor und nach 1900 gebaut, das gesamte Stadtgebiet wurde jeweils erst nach Jahrzehnten erfaßt.

Die Pflasterung der Straßen mit Steinen machte Fortschritte, gegen Ende des Jahrhunderts erfolgte eine probeweise Asphaltierung. Vor dem Ersten Weltkrieg waren Marktplätze und Hauptstraßen schon gepflastert. Es war höchste Zeit, auch bessere geschotterte Überlandstraßen zu bauen, denn um 1900 tauchten die ersten Autos auf. Kronstadt besaß seit 1891 eine Dampftrambahn, Hermannstadt seit 1904 eine elektrische Straßenbahn.

Die Bautätigkeit regelten seit den 1860er Jahren Bauämter, geführt von einem hauptamtlichen Stadtingenieur. Es wurden Bauordnungen erlassen und Baupläne aufgestellt, wonach jeder Neubau einer behördlichen Genehmigung bedurfte. Für größere Bauten erstellten akademisch ausgebildete Architekten die Projekte. Sie gestalteten seit Ende des 19. Jahrhunderts durch repräsentative Bauten das Städtebild. Für Städte, die sich industriell entwickelten, mußte Baugelände für Fabriken und Arbeiterwohnungen zur Verfügung gestellt werden. Dadurch wuchsen die Städte weit über das bisherige Weichbild hinaus. Die Bahnhöfe siedelte man am Stadtrand an.

In den Städten entstanden neue Verwaltungsbauten für Komitats- und Stadtbehörden, ferner Bank-, Post- und andere öffentliche Gebäude, Hotels, Spitäler, Schulen, Gesellschaftshäuser, schließlich Parks, Promenaden, Sportplätze und Naherholungsanlagen.

Altstädte bildeten zwar nach wie vor das Zentrum des urbanen Lebens, die große Mehrheit der Einwohner wohnte aber bereits in den Außenvierteln. Dort befanden sich einerseits Arbeitersiedlungen mit kleinen Häuschen und andererseits mehr oder weniger luxuriöse Villen der Neureichen; letztere in ruhiger Lage, umgeben von Gärten. Außer in Kronstadt bewohnten die Altstädte weiterhin hauptsächlich Sachsen, seit Mitte des 19. Jahrhunderts erwarben aber immer mehr nichtdeutsche Bürger Grundstücke in zentraler Lage. In Kronstadt bildeten sie zeitweise sogar die treibende Kraft bei der städtebaulichen Erneuerung. Im Jahre 1876 standen 62 Häuser der Innenstadt im Besitz rumänisch-griechischer Unternehmer.

In der Baukunst hat das 19. Jahrhundert keinen eigenen, originellen Stil entwickelt, sondern ältere Stilelemente übernommen.

Der Klassizismus (in der ersten Hälfte des Jahrhunderts), der das Barock ablöste, verwendete bei der Gestaltung der

Fassaden oder Innenräume antike Vorbilder – Säulen, Halbsäulen mit griechischen Kapitellen. Der Historismus (ab Mitte des Jahrhunderts), zu dem der Neuklassizismus, die Neugotik, der Neubarock und die Neurenaissance gehören, griff nachahmend auf einstige Kunststile zurück. Der Eklektizismus (am Ende des Jahrhunderts) verwendete bei ein und demselben Bau gleichzeitig und dabei aufwendig verschiedenartige Stilelemente, wodurch dem Bedürfnis der Neureichen nach Repräsentation und Prunk Ausdruck verliehen wurde.

Die Jugendstilarchitekten (am Anfang des 20. Jahrhunderts) suchten Bauten eine eigene originelle Form zu geben, wobei die Gebäude durch Erker, Giebel, Balkone, verschiedengeformte Fenster und helle Bemalungen mit Blumen und Tieren reich gegliederte Fassaden erhielten.

Da es zu weit führen würde, alle repräsentativen Gebäude der hier genannten Stilrichtungen zu erfassen, begnügen wir uns, jeweils einige Bauten als Beispiele zu nennen. Die Altstadt von Kronstadt eignet sich dazu am besten, es reihen sich nämlich in der Kloster- und der Purzengasse, auf dem Marktplatz und weiter am Roßmarkt, am Honterus-Hof bis zum Waisenhausgässertor und zum Şaguna-Lyzeum Gebäude aneinander, die alle Stile vom Klassizismus bis zum Jugendstil verkörpern. Dazu gehören – um einige konkrete Beispiele zu geben – das klassizistische Hauptgebäude des Honterus-Gymnasiums (gebaut 1834), das neuklassizistische Eckhaus Klostergasse-Kornzeile (1852), der neubarokke „Redoute“-Bau (heute Kulturhaus), in der Hirschergasse (1883), im selben Stil das ehemalige Haus des sächsischen Gewerbevereins (heute Kunstgalerie) am Ring (1902), im Neorenaissancestil die ehemalige Pensionsanstalt bzw. das heutige Rektoratsgebäude der Universität am Nordwestende der Klostergasse und am Ring (1881-84), im Mischstil des Eklektizismus die Häuser Nr. 8 (1886), Nr. 13 (1898) in der Klostergasse und das Palais der heutigen Staatsbank auf der

Kronstadt – Das Hotel „Krone“

Flachszeile (1904). Im Jugendstil wurden errichtet das Hotel „Krone“ in der Purzengasse (1910), in derselben Straße das Eckhaus zur Michael-Weiß-Gasse (ehemalige Burzenländer Bank, 1908) und das Bankgebäude in der Klostergasse Nr. 5.

Beispiele aus anderen Städten: In Schäßburg steht gegenüber dem Stundturm auf der Westseite des Kirchplatzes ein venezianisch-neugotisches Gebäude (Ende des 19. Jahr-

Schäßburg – Das Hotel „Zum Goldenen Stern“

Schäßburg – Die ehem. sächsische Gewerbevereinsbank am Marktplatz

hunderts). In derselben Stadt ist das Hotel „Zum Goldenen Stern" (1910-1912) ein typisches Beispiel für Jugendstil, während das Eckgebäude der ehemaligen sächsischen Gewerbevereinsbank am unteren Ende der Baiergasse und am Marktplatz sich als eklektisch ausweist. Als neugotisch präsentiert sich in Hermannstadt am Kleinen Ring das ehemalige Haus des Bürger- und Gewerbevereins (1867) und als eklektisch das am Großen Ring im Jahre 1906 errichtete Gebäude der Bodenkreditanstalt (heute Rathaus).

1918 bis heute. Nach dem Ersten Weltkrieg setzte sich in der urbanistischen Gestaltung der begonnene Trend fort – die weitere Modernisierung der Städte und die Erweiterung der Wohngebiete sowie der Industrieareale. Als Baumaterial kam bei Industrieanlagen und größeren Gebäuden immer mehr Eisenbeton und beim Straßenbau Asphalt zum Einsatz. Die Städte wurden staatlicherseits durch das Verwaltungsgesetz von 1929 verpflichtet, Systematisierungspläne für zehn

Jahre aufzustellen. Aus dem Bestreben der Bukarester Regierungskreise, die siebenbürgischen Städte zu rumänisieren, drohte diesen durch architektonische Eingriffe die Gefahr, ihre gewachsene Eigenart zu verlieren. Geplant waren zum Beispiel orthodoxe Kathedralen auf den Marktplätzen von Mediasch und Schäßburg. Diese drohende nationalistische Kulturschändung stieß natürlich auf den Protest sächsischer Kreise, und sie konnten einsichtige rumänische Intellektuelle wie den renommierten Politiker und Historiker Nicolae Iorga dafür gewinnen, sich dieser Barbarei zu widersetzen.

Bis 1944 blieb der Großteil der sächsischen Altstädte mit Ausnahme Kronstadts von Sachsen bewohnt. Das änderte sich während der kommunistischen Herrschaftszeit. 1948 wurden Gewerbe- und Industrieunternehmen, Banken, Versicherungen, Bergwerke sowie die Wohngebäude des wohlhabenden sächsischen Bürgertums, der angeblich „kapitalistischen Ausbeuter", verstaatlicht. Die „Kapitalisten" wurden aus ihren Häusern ausgewiesen, in vielen Fällen in andere Ortschaften zwangsumgesiedelt oder gar eingekerkert. Viele sächsische Hausbesitzer wurden sodann gezwungen, rumänische Einwohner aufzunehmen, ohne daß sie dafür Miete bezogen. Auf diese Weise „eroberten" die Rumänen die Innenstädte. In Bistritz und Sächsisch-Regen besetzten im Herbst 1944 nach Flucht und Evakuierung der Sachsen Fremde deren Gebäude und ließen Heimkehrer nach Kriegsende nicht mehr oder erst nach Jahren in ihre Häuser zurückkehren. 1952 wurden etwa 2000 Sachsen aus Kronstadt und dem Burzenland in andere Ortschaften zwangsevakuiert und ihre Häuser an Vertrauensleute der kommunistischen Machthaber vergeben.

In der kommunistischen Zeit erfolgte die städtebauliche Tätigkeit fast ausschließlich durch den Staat. Eine forcierte Industrialisierung ab 1948 brachte Tausende von Arbeitskräften in die Städte. Das erhöhte die Wohnungsnot noch mehr, sodaß Ende der 1950er Jahre ein umfangreiches

Wohnbauprogramm eingeleitet wurde. So entstanden in allen Städten neben Fabrikvierteln Trabantensiedlungen mit hohen Wohnblocks, welche dem Stadtbild einen zum Teil trostlosen Anblick verliehen.

Die historischen Stadtkerne wurden zwar unter Denkmalschutz gestellt, für ihre Instandhaltung leistete der Staat, der sich viele dieser Häuser angeeignet hatte, kaum etwas. Entfremdet wurde das historische Bild der Marktplätze durch die Anlage von Parks. Mittlerweile wurde der Große Ring in Hermannstadt wieder freigelegt, während der Marktplatz von Kronstadt eine die historische Umgebung störende Gestaltung durch Marmorbedeckung und Springbrunnen erhielt. In Schäßburg, Mediasch, Bistritz und Mühlbach verblieben die Parks bis heute.

Da die Sachsen bei Aussiedlungen vor 1989 ihre Häuser meist zu Minimalpreisen dem Staat überlassen mußten oder von diesem kurzerhand enteignet wurden, stieg der Anteil jener staatlichen Mietshäuser, die ihrem Schicksal überlassen blieben. Die heute meist überbelegten Altstadthäuser befinden sich daher zum Teil in einem äußerst schlechten baulichen Zustand und erfordern dringend Sanierungs- und Restaurierungsmaßnahmen.

In dem nach dem Zweiten Weltkrieg sehr stark gewachsenen Häusermeer der Betonblockbauten bezeugen die Stadtkerne nach wie vor, daß es sich hier um ursprüngliche deutsche Siedlungen und Kulturstätten handelt. In den Jahren der nationalistisch-kommunistischen Diktatur wurden die Kulturleistungen der Sachsen allerdings verschwiegen und diese als solche der rumänischen Staatsnation ausgegeben. Rumänien behauptete bei allen Ortschaften eine ursprünglich rumänische Gründung. In den 60er Jahren, als der Verfasser dieser Schrift in Bistritz Geschichte unterrichtete, war es ein Tabu, die Stadt als eine sächsische Gründung und Ortschaft zu bezeichnen. Verschwiegen wurde auch, daß ihr stattliches Schulgebäude bis 1944 dem deutschen Gymnasium gehört hatte.

3) Romanische und gotische Kirchen

Die Kirchen in jedem siebenbürgisch-sächsischen Dorf und in jeder Stadt waren und sind die wichtigsten baugeschichtlichen Zeugnisse. Diese Baudenkmäler haben jeweils abendländischen Stilrichtungen übernommen, angefangen von der Romanik bis zum Historismus des 19. Jahrhunderts.

Nach ihrer Ansiedlung in Siebenbürgen errichteten die deutschen Kolonisten im 12. Jahrhundert sowohl ihre Häuser wie auch ihre Kirchen aus Holz. Erst im 13. Jahrhundert, als die Gemeinden gewachsen und wohlhabender waren, konnten sie sich Steinkirchen leisten. Dabei übernahmen sie den romanischen Baustil. Während in Westeuropa der romanische Stil in der ersten Hälfte des 13. Jahrhunderts bereits durch die Gotik abgelöst wurde, hielt diese Baukunst in Siebenbürgen erst später Einzug. Auch die nachfolgenden Kunstrichtungen sind in Siebenbürgen gewöhnlich mit einiger Verspätung aufgenommen worden, haben dann aber auch länger die Bautätigkeit bestimmt.

Michelsberg – Die romanische Kirche innerhalb einer Burg

Bis heute haben sich zwei im romanischen Stil errichtete Dorfkirchen fast unverändert erhalten: jene von Michelsberg bei Hermannstadt sowie Mönchsdorf in Nordsiebenbürgen.

In Südsiebenbürgen haben wahrscheinlich alle sächsischen Gemeinden im 13. Jahrhundert romanische Kirchen gebaut, wobei es sich außer etwa in Hermannstadt, Mühlbach, Großschenk und Heltau um kleine Gotteshäuser, dem jeweiligen Bedarf entsprechend, handelte. Alle diese Kirchlein sind später, da sie zu klein oder baufällig wurden, abgetragen oder in vergrößerte Neubauten einbezogen worden. Von der ursprünglichen romanischen Architektur haben nur die Kirchen von Heltau, Großschenk, Draas, Mühlbach und Großscheuern beachtliche Mauer- und Ornamentteile beibehalten. In anderen Bauten können bloß romanische Rundbogenportale und -arkaden, rundbogige oder runde Fenster, Säulen und Kapitelle und sehr oft Teile des ursprünglichen Turmes identifiziert werden. Romanische Restteile können noch in den Gotteshäusern folgender Ortschaften nachgewiesen werden: Hammersdorf, Neppendorf, Schellenberg, Kerz, Talmesch, Salzburg, Dobring, Urwegen (Bergkirche), Thalheim, Reußmarkt, Kirchberg, Felmern, Rohrbach, Katzendorf, Stein, Deutsch-Weißkirch, Galt, Tarteln, Keisd, Mergeln, Kleinschenk, Hundertbücheln und Schönberg.

Der Ursprung der burzenländischen Kirchen des 13. Jahrhunderts geht entweder auf die Bautätigkeit des Deutschen Ritterordens zurück oder auf die der Zisterzienser. Diese waren um 1200 in Kerz am Alt ansässig geworden und hatten dort ein Kloster errichtet, von dem bis heute eine imposante Ruine und der Chor der Klosterkirche, der als Kirche dient, verblieben sind. Mit ihnen hielt die frühgotische Bauweise ab den 1230er Jahren in Siebenbürgen Einzug, daher auch Zisterziensergotik genannt. Die Zisterzienser Bauhütte fand im Burzenland sowohl vor dem Tatareneinfall von 1241/42, vermehrt aber nach dessen Zerstörungen, in allen sächsi-

Mönchsdorf – Die Fassade der romanischen Kirche aus dem 13. Jahrhundert

Kerz – Die Ruine des Zisterzienser Klosters. Heute ist die Kirche im ehemaligen Chor der Klosterkirche

schen Gemeinden ein breites Betätigungsfeld. Ihr Einfluß ist erkennbar an den Kirchen von St. Bartholomä in Kronstadt, Marienburg, Heldsdorf, Petersberg, Rosenau, Wolkendorf, Honigberg und Tartlau.

Der Einfluß der Zisterzienser Bauhütte kommt auch bei anderen Kirchenbauten Siebenbürgens zur Geltung, so unter anderen bei der Minoritenkirche in Bistritz. In Nordsiebenbürgen ist die Romanik außer in Rodna und in Mönchsdorf kaum präsent.

Stilistisch bestanden es im 13. Jahrhundert Spätromanik und Frühgotik nebeneinander.

Die gotische Bauweise des 14. Jahrhunderts führten die Bettelorden der Dominikaner und der Franziskaner ein. Beide Mönchsorden hatten in mehreren Städten Klöster, bisweilen auch auf dem Lande. Die bedeutendste Niederlassung der Dominikaner befand sich auf der Burg in Schäßburg.

In der Zeit der Gotik, in Siebenbürgen vom 14. bis Anfang des 16. Jahrhunderts, ist der Großteil der sächsischen Kirchen, die es heute noch gibt, errichtet worden bzw. durch Umbau romanischer Gotteshäuser entstanden. Der Anlage nach sind es im ländlichen Bereich dreischiffige Basiliken oder einschiffige Saalkirchen, in den Städten dreischiffige Hallenkirchen. Diese Bauten sind zu erkennen an spitzbogigen Portalen, Arkaden und Fenstern mit Maßwerk, an spitzen Gewölben, die von Kreuzrippen getragen werden, die sich auf steinerne Wandvorlagen der Seitenwände oder auf Säulen des Mittelschiffes stützen. Von diesen Stützpunkten werden Last und Seitenschub auf die Außenwände übertragen, die dort, wo der Druck sie erreicht, durch Strebepfeiler verstärkt werden. Die gotischen Kirchen werden auf diese Art von einem Bauskelett getragen, wodurch das dazwischen befindliche Bauwerk entlastet wird und durch größere Fenster und Portale geöffnet werden kann. Gotische Kirchen sind daher heller und auch höher als frühere. Bei den siebenbürgisch-sächsischen Dorfkirchen, die größtenteils in Wehrkirchen umgebaut wurden, wobei der Kirchenraum ein, manchmal sogar zwei Wehrgeschosse aufgestockt erhielt, vermißt man die sonst für gotische Anlagen charakteristischen sehr hohen Fenster, ebenso lockere Seitenwände. Die Dorfkirchen besitzen auch weniger Bauplastik und sonstiges schmückendes Beiwerk. Es waren Zweckbauten, die künstlerische Gestaltung blieb zweitrangig. Bloß die Städte und einige wohlhabende Marktflecken, Stuhlsvororte[2] und größere Gemeinden konnten sich stattlichere Gotteshäuser leisten und sie, dem Stil entsprechend, auch reicher ausstatten.

4) Gotische Stadtpfarrkirchen

Die Stadtpfarrkirchen sind jene Baudenkmäler, die am besten die bau- und kunstgeschichtliche Entwicklung und die Verbindung der mittelalterlichen siebenbürgisch-sächsischen Städte mit dem Abendland widerspiegeln.

Das 14. Jahrhundert bescherte Siebenbürgen eine Blüte des Städtewesens und eine lange Friedenszeit. Das erstarkte sächsische Bürgertum der Städte – die in Zünften organisierten Handwerker und die durch Fernhandel zwischen West- und Osteuropa und dem Orient reich gewordenen Kaufleute – war bestrebt, seinem Selbstbewußtsein und Wohlstand auch durch stattliche Kirchenbauten Ausdruck zu verleihen, wie sie Studenten, Kaufleute oder wandernde Gesellen auf ihren Reisen in Mittel- und Westeuropa gesehen hatten. Zudem entsprachen die dunklen, durch massive Pfeiler und Mauern etwas eingeengt wirkenden Basiliken auch raummäßig nicht mehr der gewachsenen Einwohnerzahl. Einem neuen Lebensgefühl entsprach der Typus der Hallenkirche der Mitte des 14. Jahrhunderts von Frankreich bis Böhmen und etwas zeitversetzt auch in Siebenbürgen die sakrale Baukunst beherrschte. Die Hallenkirche bot zudem einen größeren

2 Die „Stühle“ waren Verwaltungseinrichtungen, siehe Seite 6

Nutzungsraum. Der Chor erhielt eine bevorzugte Ausstattung und besondere Bedeutung.

In Siebenbürgen haben fast alle Städte ab dem Ende des 14. und im 15. Jahrhundert ihre romanischen oder frühgotischen Kirchen ganz oder teilweise durch Hallenkirchen ersetzt. Die Kunsthistoriker haben sich bemüht, die Einflüsse verschiedener Bauhütten beim siebenbürgischen Kirchenbau nachzuweisen. Trotz abweichender Meinungen in Detailfragen sind sie sich darin einig, daß die siebenbürgisch-sächsischen Kirchenbauten der Städte dem Einfluß wandernder oder zugewanderter Baumeister und Steinmetze aus Süd- und Mitteldeutschland, Österreich, Böhmen, aus der Zips und im 16. Jahrhundert auch aus Italien zu verdanken seien. Vor allem die Parler-Bauhütte[3] gewann Einfluß. Versuchen wir anschließend einige Stadtpfarrkirchen baugeschichtlich einzuordnen:

Als erste Stadt entschloß sich **Mühlbach** um das Jahr 1380 zum Bau einer Hallenkirche. Der Chor der Basilika aus der zweiten Hälfte des 13. Jahrhunderts wurde abgetragen und an dessen Stelle innerhalb von zwei Jahren ein neuer für eine geplante, großangelegte, dreischiffige Hallenkirche errichtet. Dieser erhaben wirkende Chor mit seinen hohen Fenstern mit Maßwerk wurde sowohl im Inneren wie auch auf den äußeren Strebepfeilern mit reichem bauplastischem Schmuck – Steinskulpturen unter Baldachinen, Konsolenköpfen, Blättern und Blütenkonsolen – versehen und die Innenwand mit Fresken ausgemalt. Dieser ist 28,5 Meter lang,

3 Die Parler waren eine aus Schwäbisch Gmünd stammende Familie von Steinmetzen, Bildhauern und Baumeistern, die im 14. Jahrhundert bedeutende Werke gotischer Kunst und Architektur erschufen oder mitgestalteten, darunter die ersten Bildnisbüsten der Neuzeit, das Heilig-Kreuz-Münster von Schwäbisch Gmünd, den Prager Veitsdom und die Karlsbrücke, St. Sebaldus in Nürnberg, den Dom der heiligen Barbara in Kuttenberg, das Rathaus in Krakau, die Münsterkirchen von Ulm, Freiburg und Basel.

Mühlbach – Die Evangelische Stadtpfarrkirche

13,7 Meter breit und 15 Meter hoch und bildet neben jenem der Schwarzen Kirche in Kronstadt die größte Hallenchoranlage Siebenbürgens. Daß der vorgesehene Bau des Langhauses nicht anschließend an die Fertigstellung des Chors und auch später nicht in Angriff genommen wurde, hängt wahrscheinlich mit der drohenden Türkengefahr zusammen. Angesichts dieser Gefahr erhielt die Stadt 1387 auf ihre Bitte die Erlaubnis, die Befestigungen an der Stadtmauer auszubauen. Dadurch dürften die Gelder und nach den Überfällen der Türken – im Jahr 1438 hatten sie die Stadt erobert und die Einwohner zeitweilig verschleppt – auch die Arbeitskräfte gefehlt haben, um den begonnenen Bau fertigzustellen. Vielleicht hatte man sich auch übernommen, oder man begnügte sich, wie auch anderswo, mit einem mächtigen Chor. Wie dem auch sei, der Hallenchor wurde mit dem alten, noch stehenden romanischen Langhaus baulich verbunden, dessen Seitenschiffe gleichzeitig etwas erweitert und erhöht wurden. Das notdürftig adaptierte Langhaus wirkt bis heute neben dem lichten Chor wie ein armer Bruder, wie ein Kunsthistoriker bemerkte. Die Kirche erhielt um 1525 einen dem Chor würdigen Flügelaltar. Der Glockenturm der alten Kirche bekam seine jetzige Gestalt mit dem schlanken Spitzhelm und vier Ecktürmchen erst bald nach 1660. Die Stadtpfarrkirche dominiert auch heute das Altstadtbild.

In Kronstadt begann man um 1383 ebenfalls mit dem Bau eines dreischiffigen Hallenchores. Über die vorherige, wahrscheinlich romanische Klosterkirche ist nichts Genaues bekannt. Nach Fertigstellung des Chores mußte der Weiterbau ebenfalls unterbrochen werden, da man nach 1421, als die Türken die Stadt eingenommen und einen Teil der Bürger verschleppt hatten, einschließlich des Stadtrates, der Stadtbefestigung den Vorrang gab. In der zweiten Hälfte des 15. Jahrhunderts bekam die Kirche ein Langhaus mit drei gleich hohen Schiffen, welches an den Chor angebaut wurde. Kronstadt erhielt dadurch den größten gotischen Dom östlich von Wien, der folgende Ausmaße hat: Länge 89, Breite 38, Ge-

Kronstadt – Die Schwarze Kirche, der größte gotische Dom Südosteuropas

Kronstadt – Die Turmuhr der Schwarzen Kirche

wölbehöhe des Langhauses 21, des Chores 28 Meter. Von den zwei geplanten Türmen wurde nur einer, der südliche, und auch dieser nicht in der vorgesehenen Höhe errichtet. Dabei ist es geblieben; ein Schriftsteller meinte, der Turm erwekke den Eindruck, als ob er sich vor dem großen Bau ducke.

Die Kronstädter Kirche hat oft durch Erdbeben gelitten. 1689 wurde sie wie die Stadt ein Opfer der Flammen – die gesamte Einrichtung verbrannte, das Gewölbe stürzte ein. Nach den vom Rauch geschwärzten Mauern erhielt sie den

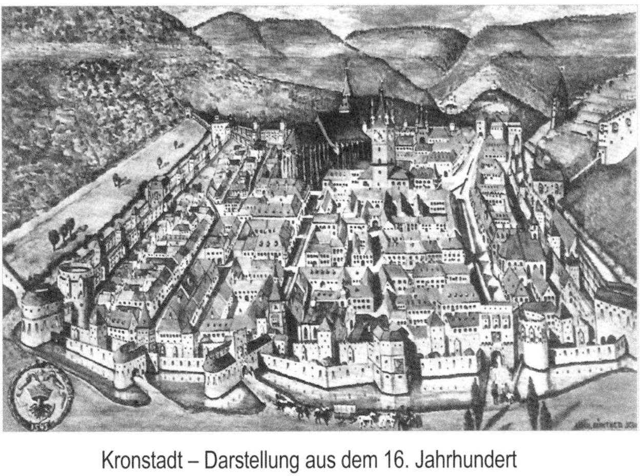

Kronstadt – Darstellung aus dem 16. Jahrhundert

Namen „Schwarze Kirche“. Erst 1722 war sie wieder hergestellt. Dabei wurde ihr gotisches Gepräge trotz einiger Veränderungen – die Seitenschiffe erhielten barocke Emporen – beibehalten. Die Bauplastiken der Strebepfeiler und die reich gegliederten Portale hatten den Brand größtenteils überstanden. Die Steinfiguren sind aber im Laufe der Zeit so stark verwittert, daß sie bei Restaurierungsarbeiten im 20. Jahrhundert durch Kopien ersetzt wurden. Die Originale sind im Westteil der Kirche ausgestellt.

Von den heutigen Kunstwerken in der Schwarzen Kirche seien eine große Anzahl von anatolischen Teppichen, ein bronzenes Taufbecken (1472) und die von C. A. Buchholz aus Berlin 1839 gebaute bedeutendste Orgel Rumäniens erwähnt.

Die 1969 begonnenen Restaurierungsarbeiten konnten nach mehreren Unterbrechungen 1999 abgeschlossen werden. Sie betrafen sowohl das Innere als auch das Äußere des Gotteshauses. Der größte Geldgeber war die evangelisch-lutherische Kirche des Rheinlandes.

Klausenburgs Michaelis-Kirche besitzt die besterhaltene dreischiffige, gotische Hallenkirche Siebenbürgens. Ihr Bau erstreckte sich etwa von der Mitte des 14. bis zur Mitte des 15. Jahrhunderts, wobei der ursprüngliche Plan verschiedene Änderungen erfuhr und die beiden vorgesehenen Westtürme nicht über das Dachgesims der Umfassungsmauer geführt wurden. An Strebepfeilern, insonderheit an der Westfassade, und Portalen erhielt die Kirche die übliche bauplastische Gestaltung. Das Chorgewölbe, das wahrscheinlich nach dem Erdbeben von 1767 eingestürzt war, wurde mit einem barocken Kreuzgewölbe überspannt. Ein Kleinod besonderer Art ist das mit figuraler und pflanzlicher Plastik reich geschmückte Renaissanceportal der Sakristei aus dem Jahre 1528. Im 18. Jahrhundert erhielt die Kirche, nachdem

Klausenburgs Michaelis-Kirche – Blick vom Langhaus in den Chor.

Michaelis-Kirche – Das Gewölbe

die Altäre während der Reformation beseitigt worden waren, einen prachtvollen Barockaltar, und im 19. Farbglasfenster.

Der heutige Turm der Nordseite ist erst in den Jahren 1837-1860 im neugotischen Stil hochgezogen worden.

Als der Bau der Kirche begonnen wurde, war Klausenburg noch eine deutsche Stadt, als er abgeschlossen war, setzte sich der Stadtrat zu gleichen Teilen aus Sachsen und Ungarn zusammen.

1556 wurde die Kirche von den Reformierten, zwei Jahre danach von den Unitariern und 1716 von den ungarischen Katholiken übernommen, denen das Gotteshaus seither gehört. Mittlerweile leben kaum noch Sachsen dort.

In **Hermannstadt** wurde um die Mitte des 14. Jahrhunderts die romanische Basilika aus der Zeit um 1200 abgetragen und mit dem Bau einer neuen größeren Kirche begonnen. Man entschied sich hier noch nicht für eine Hallenkirche, sondern für eine dreischiffige, gotische Pfeilerbasilika mit Querhaus, die im dritten Viertel desselben Jahrhunderts fertiggestellt wurde. In einem zweiten Bauabschnitt – etwa 1430 bis um 1450 – wurde die Kirche vergrößert, um der gestiegenen wirtschaftlichen und politischen Bedeutung Hermannstadts gerecht zu werden. Die Seitenschiffe wurden verbreitert, das

Hermannstadt – Die Evangelische Kirche mit dem Denkmal von Bischof Georg Daniel Teutsch

Mittelschiff erhöht und durch ein Kreuzgewölbe abgedeckt, im Westen eine Halle bzw. Kapelle um den Turm angelegt.

Hermannstadt – das bronzene Taufbecken in der Evangelischen Stadtpfarrkirche ist ein Werk des Hermannstädter Glockengießers Leonhardus aus dem Jahre 1438.

Das bronzene Taufbecken wurde 1438 gegossen. Im letzten Viertel des 15. Jahrhunderts begannen neue Um- und Neubauten, die bis um 1520 dauerten. Man versuchte dabei, das Gotteshaus in eine Hallenkirche umzubauen. Das südliche Seitenschiff erhielt die gleiche Höhe wie das Mittelschiff und nach Beseitigung der trennenden Oberwand entstand zwischen den beiden Schiffen eine Empore. Für die gleiche Umgestaltung des nördlichen Seitenschiffes reichten anscheinend die Mittel nicht, sodaß es bei einer einseitigen Hallenkirche blieb. Zu nennen sind in dieser Bauphase noch folgende Änderungen: Erhöhung und Verbindung der Westkapelle mit dem Langhaus, Bau einer Kapelle über der südlichen Portalvorhalle, Errichtung von sieben Giebeln über der Mauer der Südfront, Erhöhung des Turmes um zwei Geschosse auf 72,5 Meter und seine Ausstattung mit vier Ecktürmchen u. a. Im 18. Jahrhundert wurden an den Wandfeldern über den nördlichen Langhausarkaden Grabsteinplatten berühmter Persönlichkeiten angebracht. In den Jahren 1853-1855 erhielt das Langhaus am Westende eine Orgelempore, die westliche

Kapelle wurde durch Mauern abgetrennt und zu einem Museum, als „Ferula" bekannt, umgestaltet, in dem vor allem Grabplatten von hohem künstlerischem Wert und einige alte Altäre aufbewahrt werden. Die Kirche besitzt eine alte und berühmte Orgel von Johannes Vest aus Neusohl in der Zips von 1671-1673, die 1914/15 stilgerecht durch W. Sauer umgebaut wurde und nach der „Wende" restauriert worden ist.

In Schäßburg errichtete man auf dem Burgberg über dem um 1200 gebauten Saalkirchlein in der zweiten Hälfte des 13. Jahrhunderts eine Basilika mit Westturm. Dabei wurde die Vorgängerkirche in eine Krypta umgewandelt und darüber der Chor des neuen Gotteshauses, der Bergkirche, errichtet. Um 1350 entschloß man sich zum Bau einer neuen größeren Hallenkirche, die Basilika wurde schrittweise abgetragen, die Krypta aber beibehalten. Bis um 1400 konnten der gotische Chor und in einer längeren Bauphase zwischen 1429 und 1483 das spätgotische Hallenlangschiff und die südliche Vorhalle aufgerichtet werden. Um 1500 wurden die Sakristei und die Westvorhalle mit Turmaufgang angebaut. Den Turm aus dem 13. Jahrhundert behielt man. An Bauplastik weisen bloß die Chorpfeiler einige Steinfiguren auf, die mittlerweile stark verwittert sind. Im Inneren der Kirche sind bei Restaurierungsarbeiten im 20. Jahrhundert einige Wandgemälde freigelegt worden. Zu erwähnen sind ferner ein im Geiste der Renaissance um 1500 errichtetes Sakramenthäuschen und ein Renaissance-Chorgestühl.

Nach 1990 wurden umfangreiche, von der Messerschmidt-Stiftung aus der Bundesrepublik Deutschland finanzierte Restaurierungsarbeiten durchgeführt und im Jahre 2000 abgeschlossen. Die Bergkirche beherbergt nun ein Museum, in dem Kultobjekte aus aufgelassenen evangelisch-sächsischen Kirchen aufbewahrt werden.

Die Klosterkirche und jetzige Stadtpfarrkirche, die erstmals

Schäßburg – Die Ansicht der Oberstadt mit Stundturm und Klosterkirche (rechts) vom Marktplatz der Unterstadt (ungefähr 1900)

1298 urkundlich erwähnt wird, war mit dem Dominikanerkloster, zu dem sie gehörte, durch einen Kreuzgang verbunden. Ende des 15. Jahrhunderts erfolgte der Umbau dieser Kirche zu einer dreischiffigen Hallenkirche. Nach dem

Schäßburg – der Stundturm mit Uhr und beweglichen Figuren

großen Stadtbrand von 1676, der auch die Kirche erfaßte, erhielt das Langhaus ein barockes Gewölbe. Die Kirche besitzt ein Taufbecken aus dem Jahre 1440. In ihr kann man heute ferner etwa 40 anatolische Teppiche aus dem 17. und 18. Jahrhundert bewundern.

Bis zur Reformation war die Bergkirche Schäßburgs Stadtpfarrkirche. Nachher übernahm diese Funktion die günstiger gelegene Klosterkirche des aufgelösten Dominikaner-

Schäßburg – Burgberg mit Bergkirche und Gymnasialgebäude

Mediasch – Langschiff und Chor der evangelischen Stadtpfarrkirche

klosters Erst in der zweiten Hälfte des 20. Jahrhunderts gewann die Bergkirche wieder an Attraktivität, sodaß der Sonntagsgottesdienst in den Sommermonaten abwechselnd in beiden Kirchen abgehalten wurde.

Die Stadtpfarrkirche von **Mediasch** ist innerhalb eines Kirchenkastells im 15. Jahrhundert errichtet worden. Um 1488 war der Bau vollendet. Wie die romanische Vorgängerkirche ausgesehen hat, wissen wir nicht. An ihrer Stelle war eine dreischiffige, gotische Basilika geplant. Als man das niedrige nördliche Seitenschiff schon überwölbt hatte, entschloß man sich, dem südlichen Seitenschiff die Höhe des Mittelschiffes zu geben. So entstand, wie in Hermannstadt, eine Verbindung zwischen basilikaler und hallenförmiger Anlage. Die Süd-Empore kam aber erst im 17. Jahrhundert hinzu. Ein spätgotisches, dekoratives Netzgewölbe überzieht das Mittelschiff. Ob der Kirchturm, als Trompeterturm, von der Vorgängerkirche stammt oder ein Neubau war, ist nicht geklärt. Auf seine jetzige Höhe von 68,5 Meter mit vier Ecktürmchen wurde er erst 1550/51 aufgestockt. Da der Turm sich immer mehr zur Seite neigte – die Abweichung von der Senkrechten erreichte im oberen Teil 2,3 Meter –, erhielt er 1927 ein 14 Meter hohes Betonkorsett und eine Betonfußplatte.

Der kostbarste Kunstschatz der Kirche ist ein spätgotischer Flügelaltar vom Ende des 15. Jahrhunderts. Das bronzene Taufbecken der Kirche stammt aus dem 14. und die gotische Steinkanzel aus dem 15. Jahrhundert; letztere erhielt 1679 einen barocken Deckel.

Nach einer über dem westlichen Hauptportal eingemeißelten Inschrift wurde die Stadtpfarrkirche von **Bistritz** in den Jahren 1560 bis 1563 erbaut. In Wirklichkeit wurde nicht eine neue Kirche errichtet – das wäre in vier Jahren auch nicht möglich gewesen – sondern vom italienischen Baumeister Peter Italus ein Großteil der gotischen Vorgängerkirche

Bistritz – Das Kirchengewölbe

saniert, in den Neubau einbezogen und durch Bauteile im Renaissancestil ergänzt. Beibehalten wurde in erster Linie der am Anfang des 16. Jahrhunderts fertiggestellte Turm mit vier Ecktürmchen, bis heute mit seinen 74 Metern der höchste Kirchturm Siebenbürgens. Das Gotteshaus behielt sein gotisches Gepräge – eine Hallenkirche mit Emporengeschoßen der Seitenschiffe, Netzgewölbe, hochgestreckte gotische Fenster sowie zwei spätgotische Portale. Bloß die Westfassade mit angeblendeten, dreigeschossigen Säulen im Giebel, die Säulen des Mittelschiffes, das Haupt- und ein Seitenportal mit rundbogiger Säulenumrahmung erhielten Renaissanceformen. Wie aus Stadtrechnungen hervorgeht, wurde die Kirche nach Fertigstellung ausgemalt.

Das Chorgestühl und ein Lesepult der Kirche stammen aus dem 16. Jahrhundert. Sie zeichnen sich durch kunstvolle Schnitzarbeit aus und besitzen zum Teil filigrane Intarsienapplikationen. Ein Dreisitz, vermutlich aus dem Dominikanerkloster, trägt die Jahreszahl 1516. Bis vor einigen Jahren waren auch Zunftfahnen im Mittelschiff aufgesteckt. 1926 ist die Kirche nach einem Projekt von Architekt Hermann Phleps renoviert und dabei auch die unschöne blaugelbe Bemalung durch hellere und freundlichere rosarote und orange Farben und Muster ersetzt worden.

Das Kirchengebäude hat durch mehrere Brände sehr gelitten und mußte wiederholte Male aufgebaut werden, wie nach dem Großbrand von 1857. Großes Aufsehen erregte der Brand am 11. Juni 2008. Der Kirchturm brannte vollständig aus, die Glokken schmolzen ein, die Flammen griffen auch auf das Kirchdach über. Durch großzügige Hilfsmaßnahmen der Stadt Bistritz, des rumänischen Staates, aus Gelder der Bundesrepublik Deutschland und Österreich sowie durch Spenden der Bistritzer Sachsen, der Evangelischen Landeskirche Rumäniens u. a. konnten in einer beeindruckenden Solidaritätsaktion der Turm und das Kirchengebäude samt Glocken und Turmuhr wieder mustergültig hergestellt werden, so daß die Bistritzer Kirchengemeinde am 24. August 2013

Bistritz – Der Turmbrand am 11. Juni 2008

Bistritz – Die restaurierte evangelische Stadtpfarrkirche im Sommer 2013 nach dem Brand des Turmes im Jahr 2008

das 450-Jahre-Jubiläum des barocken Renaissance-Umbaus ihrer nunmehr restaurierten Kirche unter großer Beteiligung feiern konnte.

Nach dem 16. Jahrhundert sind in den siebenbürgisch-sächsischen Städten keine Stadtpfarrkirchen mehr errichtet worden. Der vorhandene Bestand an Gotteshäusern reichte aus. Die bestehenden Kirchen sind instand gesetzt worden, sodaß sie auch heute als bedeutende Baudenkmäler von einer denkwürdigen Vergangenheit Zeugnis ablegen.

5) Kirchenbau vom 17. Jahrhundert bis Anfang des 20. Jahrhunderts

Auch auf den Dörfern konnten die meisten romanischen und gotischen Wehrkirchen erhalten bleiben. Es wurden aber auch neue Kirchen errichtet. Als Folge von Erdbeben,

Bränden und Baufälligkeit wurden zudem immer wieder Reparaturen vorgenommen. Vielerorts stürzten die Gewölbe ein und wurden durch Flachdecken ersetzt. Das waren mitunter kunstvoll ausgeführte Arbeiten wie beispielsweise in der Zeidener Kirche, die 1702 eine Kassettendecke mit 252 mit Blumenmotiven versehenen Feldern erhielt.

Bei der Renovierung der Glockentürme wurde oft der offene Wehrgang unter dem Dach beseitigt und ein höherer und steiler Turmhelm aufgesetzt. Anscheinend wollten einige Gemeinden mit einem besonders hohen Turm den Nachbar-

Zeiden – Die Orgel und bunte Kasettendecke

gemeinden imponieren, so etwa die Denndorfer, die 1827-1834 einen, wie sie sagen, neuen „Türm" errichteten, mit seinen 65 Metern einen der höchsten Siebenbürgens. Nicht wenige Kirchen mußten wegen Baufälligkeit abgetragen werden und sind im 18. Jahrhundert in einfach barocker, oder im 19. und zu Anfang des 20. Jahrhunderts in klassizistischer oder neugotischer Ausführung neu erstellt worden. Die kunstgeschichtliche Forschung hat diesen Bauten kaum Beachtung geschenkt. Es sind zwar keine besonderen Kunstwerke, einige verdienen aber doch Aufmerksamkeit. Gewiß stellte die Kirche für jedes Dorf ein Wahrzeichen dar.

In den sächsischen Dörfern und Städten entstanden ab dem 18. Jahrhundert neben den evangelisch-sächsischen Gotteshäusern solche anderer Konfessionen. Im Zuge der Gegenreformation errichteten die Habsburger in allen Städten katholische Kirchen im Barockstil, von denen die in Hermannstadt am Großen Ring (1726-33), die in Kronstadt in der Klostergasse (1776-92) und die in Bistritz in der Spitalsgasse (1787) den höchsten künstlerischen Rang aufweisen. 1734 wurde auch für die in Hermannsadt angesiedelten Ursulinerinnen ein Kloster mit Kirche errichtet. In Schäßburg hingegen begnügten sich die Katholiken mit der Rückgabe des Nonnenklosters am Ende der Schanzgasse, in dem sie 1723 ein Gotteshaus einrichteten, während sie in Mediasch die Franziskanerkirche aus dem 15. Jahrhundert übernahmen und diese 1726-42 barock umgestalteten. In Mühlbach richteten die Franziskaner in der stark verfallenen und aufgelassenen Kirche der Dominikaner ein Gotteshaus ein.

Die Rumänen beider Konfessionen – der orthodoxen und der griechisch-katholischen (unierten) – bauten ab dem 18. Jahrhundert in den Vororten der sächsischen Städte oder am Rande der sächsischen Dörfer eigene Gotteshäuser, meist bescheidene Saalkirchen mit einem Glockenturm.

In sächsischen Dörfern, mit genügend ungarischen Mitbürgern entstanden ebenfalls seit dem 18. Jahrhundert neben katholischen reformierte und unitarische Kirchen. Synagogen gab es in allen sächsischen Städten.

In der Zeit der kommunistischen Herrschaft sind kaum Kirchen errichtet worden. Dafür ragen seit der Wende in vielen rumänischen Dörfern neue Kirchenbauten empor. Die evangelisch-sächsischen Kirchen hingegen verwaisten größtenteils nach der Aussiedlung ihrer Gemeindemitglieder in die Bundesrepublik. In Nordsiebenbürgen hat man schon vor längerer Zeit begonnen, solche Kirchen anderen Konfessionen zu überlassen, insonderheit der griechisch-orthodoxen. Dadurch ist wenigstens deren Instandhaltung gesichert.

6) Städtische Wehranlagen. Ringmauern und Wehrtürme

In Siebenbürgen war die Bevölkerung jahrhundertelang Angriffen und Überfällen aus dem Osten ausgesetzt. Anfangs schützten die Sachsen ihre Siedlungen dagegen durch Hecken, Dornenverhaue, Gräben oder Erd-Holzwälle (Palisaden). Diese Wehranlagen erwiesen sich gegen größere feindliche Heere als nicht hinreichend wie beim großen Tatarensturm 1241/42, sodaß die ungarischen Könige die Anlage von Steinburgen förderten. Während die ländlichen Siedlungen ihre Gotteshäuser zu Kirchenburgen ausbauten, bemühten sich die Städte, ein möglichst großes Wohngebiet durch Ringmauern mit Wehrgängen und Wehrtürmen zu sichern. Meist wurden diese durch einen davor liegenden Wassergraben verstärkt. Die Reste dieser Wehrbauten ergeben bis heute den besondern Reiz der mittelalterlichen Städte. Wir wollen in der Folge ihre architektonische Entwicklung darstellen.

Die Ursiedlung der „Villa Hermani“ (Hermannsdorf) befand sich in dem später als Unterstadt bezeichneten Ortsteil, wo es auch eine Kirche gab. Diese Siedlung dürfte, wie auch anderswo, von Verhauen und Gräben umgeben gewesen sein. Als man um 1200 mit dem Bau einer größeren Kirche begann, verlegte man diese auf die Terrasse oberhalb des Dorfes, etwa an die Stelle der heutigen Stadtpfarrkirche. Bald erhielt dieses Gotteshaus eine Ringmauer (Bering), die den heutigen Huetplatz einschloß und an strategisch wichtigen Stellen durch Türme verstärkt war. Der Kirchturm, eine Art Bergfried, war zugleich als letzte Zufluchtsstätte gedacht. 1241 zerstörten die Tataren auch **Hermannstadt**. Danach entschloß man sich, die Wehranlagen auszuweiten und zu verstärken. In den folgenden Jahrzehnten wurde die Kirche wieder aufgebaut und ein zweiter Mauergürtel angelegt, der die mittlerweile auf dem Plateau entstandene Siedlung der Oberstadt einbezog, den heutigen Kleinen Ring. Aus der Unterstadt gelangte man nun durch Tore in die von Ringmauern umgebene Oberstadt. Das besonders befestigte Haupttor, zugleich Ratturm, bildete ein Gegenstück zum Kirchturm. Nach dem Aufziehen einer zweiten Ringmauer wurde die erste abgetragen und der Platz zur Bebauung freigegeben. Beide Siedlungen, sowohl jene unterhalb der Befestigung als auch jene auf der oberen Terrasse, entwickelten sich im von dem im Jahre 1223 erwähnten „Hermannsdorf" zu der 1366 urkundlich bezeugten „Hermannstadt". In dieser Zeit dürfte der Großteil der Oberstadt besiedelt und von einer dritten Ringmauer umgeben gewesen sein. Im Unterschied zu Kronstadt und Mühlbach, die 1421 bzw. 1437 von den Türken erstürmt wurden, konnte Hermannstadt 1432, 1437 und 1438 deren Belagerungen widerstehen. Auch später ist Hermannstadt durch Kampf nie eingenommen worden. Seine Wehranlagen am Fluß Zibin wurden in der Folgezeit ausgeweitet, verstärkt und der jeweiligen Kriegstechnik angepaßt. Ab Mitte des 15. Jahrhunderts wurde auch die Unterstadt durch eine Ringmauer, Türmen und Toren in den Verteidigungsring einbezogen. Zusätzlich legte man um die Stadt Gräben und Teiche an.

Hermannstadt – Die Harteneck-Gasse, mit einem Teil der Ringmauer und dem Zimmermannsturm

Nach dem Aufkommen der Feuerwaffen wurden Schießscharten in den Mauern geöffnet. Erstmals erwähnt eine Hermannstädter Rechnung 1370 einen Büchsenmacher und Büchsen; etwa gleichzeitig wurden in Siebenbürgen die ersten Geschütze gegossen.

In Hermannstadt wurden im 16. Jahrhundert die Ringmauern mit vorstehenden Türmen und sogenannten Rondellen versehen, um Belagerer von der Flanke her unter Beschuß nehmen zu können. Weitere Verstärkung erbrachten fünf vorgelagerte Basteien und an besonders gefährdeten Stellen eine doppelte Stadtmauer. In zwischen den Mauern entstandenen Zwingern wurde bei feindlichen Überfällen das Vieh untergebracht. Die Befestigungsarbeiten dauerten bis um

1622, danach erfolgten nur noch Ausbesserungen, um die Wehrhaftigkeit der Stadt aufrecht zu erhalten.

An der etwa vier Kilometer langen Ringmauer, die ein Areal von etwa 80 Hektar umschloß, befanden sich im 17. Jahrhundert 39 Türme, fünf Bastionen, zwei Basteien und vier bewachte Tore (abweichend von diesen Angaben nennen manchen Quellen sogar 54 Türme und fünf Tore).

Auch die anderen siebenbürgischen Städte besaßen anfangs mit Wehrmauern geschützte Kirchen, Ringmauern um die gesamte Stadt folgten später.

So besaß **Kronstadt** (erstmals urkundlich im Jahre 1235 als „Corona" erwähnt) am Ort der heutigen „Schwarzen Kirche" ein mit Wehrmauern umgebenes Prämonstratenserkloster; eine Ringmauer erhielt die Stadt erst im 14. Jahrhundert, die allerdings 1421 einem Angriff der osmanischen Türken nicht standhielt. Die danach unverzüglich fortgeführten Arbeiten verliehen den Wehranlagen der Stadt eine solche Stärke, daß sie später nicht mehr eingenommen werden konnte. Kronstadt erhielt bis Ende des 17. Jahrhunderts drei und an gefährdeten Stellen sogar vier starke Mauergürtel. Außerhalb derselben

Kronstadt – Das Katharinentor

befanden sich gewaltige Wälle, davor Wassergräben und Teiche. Die viereckförmige Befestigungsanlage der Stadt wies entlang der Mauern und an den Eckpunkten 32 Türme sowie acht gewaltige Basteien auf. Drei Stadttore ermöglichen den Verkehr nach außen. Außerhalb der Ringmauern gab es in der Langgasse ein Auffangtor mit einer Zugbrücke über den Graben davor. Die breiten Zwinger zwischen den parallelen Ringmauern waren in gewissen Abständen durch Quermauern mit zusätzlichem Verteidigungswert abgeteilt.

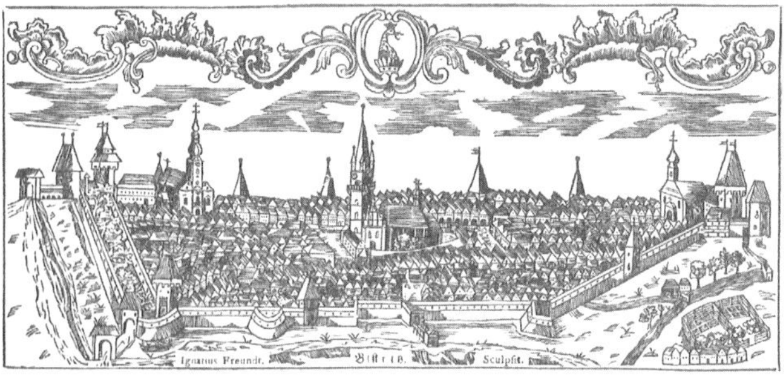

Bistritz um 1800

Bistritz, das Ende des 13. Jahrhunderts zum Vorort des Nösner Gaus geworden war, besaß damals eine von einer Mauer geschützte Kirche und am Rande der Ortschaft eine Burg – möglicherweise eine Gräfenburg –, die seit 1453 Zwingburg für die Stadtbewohner wurde, als der siebenbürgische Woiwode Johann Hunyadi zum Erbgrafen der Stadt ernannt wurde. 1457 erhoben sich die Bistritzer gegen die Drangsalierungen durch den ungarischen Burgvogt. Der Aufstand wurde zwar niedergeschlagen, die Erbgrafschaft aber von König Matthias 1464 aufgehoben und die Burg um 6000 Gulden an die Stadt verkauft mit der Erlaubnis, sie niederzureißen. Das bei der Abtragung gewonnene Material mußte jedoch zur Stadtbefestigung verwendet werden. Damit begann für die Stadt die eigentliche Wehrhaftmachung, obwohl sie auch vorher nicht ganz unbewehrt gewesen war, denn an die Burg schloß sich ein Erdwall mit Pallisadenkrönung an, der durch einen davor liegenden Graben zusätzlich geschützt war. Die Arbeiten an dem nach 1464 errichteten Mauergürtel, der auch Teile der abgetragenen Burg einbezog, dauerten bis um 1530, obwohl in diesen Jahrzehnten dort keine Feinde eingefallen sind. Dafür erlebte Bistritz, nachdem die Befestigung stand, eine Belagerung 1529 durch den moldauischen Fürsten Petru Rareş. In der Folge wurde eine zweite, niedrigere Außenmauer aufgezogen, um die sich Fischteiche und Weiher erstreckten. Die innere Mauer besaß außer den drei Haupttoren mit ihren Vorwerken zehn Wehrtürme und an gefährdeten Stellen der Südseite zwei Basteien. An der Instandsetzung wurde noch im 17. Jahrhundert gearbeitet.

In **Schäßburg** dürften um die Mitte des 13. Jahrhunderts sowohl das Burgplateau wie auch die auf dem Schulberg befindliche Bergkirche durch Verhaue oder Befestigungen aus Stämmen und Erde geschützt gewesen sein. Der Turm der romanischen Bergkirche aus dem 13. Jahrhundert, bis heute erhalten, war der Wehrturm oder Bergfried einer Kirchenburg. Der Bau einer Ringmauer um den gesamten Burgberg begann im 14. Jahrhundert, sie erreichte schließlich eine

Schäßburg – Skizze der befestigten Altstadt Mitte des 18. Jahrhunderts

Länge von 930 Metern. Wie auch in anderen Städten wurde die Mauer in mehreren Etappen erhöht, durch Wehrtürme ergänzt und den jeweiligen Verteidigungserfordernissen angepaßt. Die befestigte Oberstadt besaß schließlich 14 Wehrtürme, darunter das „Hintere Tor", zugleich Schneiderturm, und den „Stundturm" sowie vier vorgelagerte Basteien. Eine besondere Ausstattung erhielt der Stundturm, der bis zur Traufe 30 Meter mißt, während das Dach mit 34 Metern höher als der Baukörper ist. Die vier Ecktürmchen des Dachhelms deuten hier und auch anderswo darauf hin, daß die Stadt über die hohe Gerichtsbarkeit verfügte. Bis 1575 diente der Turm, dessen gewölbte Einfahrt aus der Unterstadt durch eine Barbakane (ein Vorwerk) bewehrt war, als Rathaus. Die jetzige Gestalt erhielt der Turm nach dem großen Brand von 1676. Die Turmuhr, nach welcher der Bau „Stundturm" benannt ist und der als Wahrzeichen von Schäßburg gilt, wird 1648 erstmals erwähnt, 1677 erneuert. Sie zeigt bis heute durch Glockenschlag die Viertel- und Vollstunden an und durch bewegliche, geschnitzte Figuren die Wochentage. Seit Ende des 19. Jahrhunderts beherbergt der Stundturm ein historisches Museum.

Die Unterstadt lag außerhalb des Berings, sie besaß an den Einfahrtstraßen gemauerte, über Nacht geschlossene Tore. Sie ist öfters von feindlichen Truppen besetzt und gebrandschatzt worden. Die Einwohner haben in Zeiten der Gefahr hinter den Mauern der Burg Zuflucht gefunden.

Mediasch besaß eine Kirchenburg mit drei Ringmauern, deren Bau spätestens im 14. Jahrhundert begonnen und bis ins 16. Jahrhundert fortgeführt wurde. Als einzige städtische Kirchenburg hat sie sich bis heute erhalten. Im 15. Jahrhundert erhielt die Stadt zusätzlich eine Ringmauer, die den bewohnten Teil umschloß. Nach Vollendung der Befestigungsarbeiten um 1530 zählte man drei Tortürme (Forkesch-, Zeckescher- und Steingässertor) sowie 19 Wehrtürme und

Mediasch – Die evangelische Stadtpfarrkirche

Basteien. Ab dem 16. Jahrhundert folgten im wesentlichen nur noch häufige Reparaturen und Instandsetzungsarbeiten.

Mühlbach erhielt 1387 von König Sigismund von Luxemburg die Genehmigung zu Wehrbauten, die vorher nur in einfacher Form aus Stämmen und Erde sowie einer Kirchenburg bestanden. Die Türkengefahr erforderte den Bau einer Ringmauer; sie wurde in mehreren Etappen bis Ende des 16. Jahrhunderts aufgerichtet. An gefährdeten Stellen wurde der Ring verdoppelt. Wassergräben und Teiche davor wurden angelegt. Man kann heute nicht mehr genau ermitteln, wie viele Wehrtürme es gegeben hat.

Von allen siebenbürgischen Städten hat Mühlbach am meisten durch türkische Überfälle zu leiden gehabt. Die Stadt wurde 1438 von den Türken eingenommen und die Bevölkerung verschleppt, sie konnte aber freigekauft werden und heimkehren.

Während des Kuruzzenkrieges (1703-1711) erfüllten Kirchenburgen und Ringmauern nocheinmal ihren Zweck. In

Schäßburg zeigt man heute noch am Zinngießerturm die angeblichen Einschußlöcher der Belagerung von 1704. Danach verloren Türme und Mauern ihre Wehrfunktion, verfielen und wurden zum Teil schon im 18. Jahrhundert abgetragen. In der zweiten Hälfte des 19. Jahrhunderts, als es noch keinen gesetzlichen Denkmalschutz gab, rückte man in allen Städten den mittelalterlichen Wehranlagen zu Leibe, um dem Verkehr breitere Einfahrtstraßen zu eröffnen, Platz für Neubauten zu schaffen und, nicht zuletzt, um die Steine der abgetragenen Anlagen als Baumaterial zu nutzen. Gräben, Teiche und Weiher wurden zur Gewinnung städtischen Baulands zugeschüttet. Auf ehemaligen Erdwällen oder entlang verbliebener Mauern legte man Promenaden und Spazierwege an. Vom Abriß der mittelalterlichen Wehranlagen sind Hermannstadt, Kronstadt und Bistritz am meisten betroffen worden, doch sind einige sehenswerte Teile der Stadtmauern und Türme erhalten geblieben. In Mediasch und Mühlbach überlebten nur Teile der Stadtmauern sowie einige Türme. Allein in Schäßburg, wo die Mauer um den Burgberg den Verkehr nicht hinderte, stehen von den einstigen 14 Wehrtürmen noch neun, ferner die beiden Tore sowie die Ringmauer in einer beträchtlichen Länge und Höhe, dadurch ist es die am besten erhaltene mittelalterliche Altstadt Rumäniens; sie bietet durch ihre Lage und Altbauten ein malerisch-romantisches Stadtbild, bildet ein wertvolles Kulturerbe und verdient erhöhte denkmalpflegerische Aufmerksamkeit. Im Dezember 1999 wurde diese Altstadt in die Liste des UNESCO-Weltkulturerbes aufgenommen.

7) Kirchenburgen – Mythos und Wahrheit

Die Kirchenburgen gehören zu den markantesten Baudenkmälern der Siebenbürger Sachsen, und sie sind in der internationalen Architekturgeschichte ein Begriff. Die Sachsen scheinen sich dieser Besonderheit dieser Architektur bis nach dem Ersten Weltkrieg gar nicht bewußt gewesen zu sein. Da es solche Anlagen in fast jedem Dorf gab, erkannten sie deren Besonderheit nicht. Sogar Georg Daniel Teutsch, der bedeutendste Historiker der Siebenbürgen Sachsen, widmete ihnen in seiner fast 600 Seiten umfassenden Sachsengeschichte (die erste Auflage erschien zwischen 1852 und 1858 in mehreren Lieferungen), die den Zeitraum von der Einwanderung bis zum Ende des 17. Jahrhunderts behandelt, weniger als eine Seite. Friedrich Müller, der 1857 die erste wissenschaftliche Beschreibung der *„Verteidigungskirchen"* bot, meinte, es wäre interessant zu erfahren, ob es in irgend-einer anderen deutschen Grenzmark solche Kirchen gäbe. Der *„Kirchenstyl"* sei zwar original, einen architektonischen Wert hätten sie aber nicht. Fremden Reisenden fiel indessen die Vielzahl der Wehrkirchen als eine Besonderheit des Sachsenlandes auf. So schrieb John Paget in einem 1842 erschienenen Buch: *„Es befremdet uns sehr, in diesem Lande so viele befestigte Kirchen zu bemerken. Fast jeder Dorfkirchhof ist von einer starken Mauer mit Zinnen und Schießlöchern und oft auch von Türmen und andern Verteidigungsmitteln umgeben. Die Geschichte von Siebenbürgen gibt eine nur zu deutliche Erklärung der Ursachen dieser Vorsichtsmaßregeln, deren häufiges Vorkommen uns sehr stark das Bild ehemaliger Zeiten vorführte."* Auf diese Besonderheiten machte in den 1860er Jahren auch der Engländer Charles Boner nachdrücklich aufmerksam: *„Diese Kirchen sind etwas so Eigenartiges in ihrer Art, ihr Aussehen und ihr Baustyl ist so eigentümlich, daß es sich wohl der Mühe lohnt, diesen Gegenstand eingehender zu besprechen, der des Neuen und Interessanten so viel bietet ... In allen Theilen des Landes trifft man diese Monumente, welche das Interesse des Fremden, sei er nun Künstler, Archäologe oder einfacher Reisender notwendig fesseln müssen. Diese Monumente sind an und für sich etwas so Eigentümliches und dabei mit dem Geiste und Charakter des Volkes, das* *sie errichtet, so eng Zusam*men*hängendes, daß dieselben zu erhalten zu bleiben in hohem Grade verdienen.“*

Erst in den 1880er Jahren schenkte auch Bischof G. D. Teutsch den Kirchenburgen Beachtung. In seinem Visitationsbericht über den Schäßburger Kirchenbezirk aus den Jahren 1885-88 betrachtete er sie als *„bedeutende geschichtliche Denkmale“*, die außer ihrem *„malerischen Bild“* auch Ausdruck nationaler und politischer Gesinnung seien. Er empfahl gleichzeitig den Gemeinden, diese und andere historische und neue Baudenkmäler zu erhalten und zu pflegen. Am Anfang des 20. Jahrhunderts war es sächsischerseits Emil Sigerus, der durch seinen Bildband „Siebenbürgisch-sächsische Burgen und Kirchenkastelle“, welcher bis in die zwanziger Jahre mehrere Auflagen erlebte, größere Kreise des deutschen Sprachraumes auf diese Denkmäler aufmerksam machte und sich für deren Erhalt einsetzte. Durch weitere Veröffentlichungen sächsischer Kunsthistoriker wie die „Geschichte der deutschen Baukunst in Siebenbürgen“ (Straßburg, 1905) und „Die deutsche Kunst in Siebenbürgen“ (Berlin, 1934), beide von Victor Roth, ferner durch die Arbeiten von Hermann Phleps, Gustav Treiber und andere Beiträge in der Zwischenkriegszeit gingen die Kirchenburgen in die deutsche Kunstgeschichte und durch publizistische Aufsätze in das Bewußtsein breiter Kreise des deutschen Sprachraumes ein. Dazu hatte auch beigetragen, daß während des Ersten Weltkrieges zahlreiche Angehörige des deutschen Heeres Gelegenheit hatten, siebenbürgisch-deutsche Baudenkmäler kennenzulernen. Der fränkische Kunsthistoriker Wilhelm Funk schrieb 1932 einleitend in einem Artikel über solche Wehrkirchen in Franken: *„Die Kirchenburgen in Siebenbürgen sind berühmt durch ihre prächtig erhaltenen Befestigungsanlagen“*.

1937 veröffentlichte Wolfram Freiherr von Erffa ein Buch über die „Dorfkirche als Wehrbau“ in Württemberg. Im Vorwort heißt es: *„Sprach man in den fünf Jahren, in denen diese Arbeit heranreifte, über befestigte Kirchen, so waren es gar nicht nur Laien, die eine Befestigung von Kirchen in Württemberg bezweifelten und nur die Wehrkirchen in Siebenbürgen gelten ließen, nachdem diese durch die Tagespresse zum allgemeinen Bildungsgut geworden waren“.* von Erffa wies nach, daß es in Württemberg nahezu 400 Wehrkirchen gegeben hat, von denen sich damals, also 1937, noch 158 erhalten hatten.

Erst jetzt erwachte auch das Interesse der siebenbürgisch-sächsischen Öffentlichkeit für diese Wehrbauten. Es bildete sich sogar, wie von Erffa und andere Autoren feststellten, die Meinung, daß es Kirchenburgen nur in Siebenbürgen gäbe, eine Ansicht, die von den Sachsen gerne übernommen wurde und die zum Teil bis heute vertreten wird.

Vor der Aussiedlung des Verfassers in die Bundesrepublik Deutschland hatte auch er diesen Einzigartigkeitsstandpunkt vertreten. Zur Bildung dieser Einschätzung dürfte sicherlich das Buch des rumänischen Kunsthistorikers George Oprescu „Bisericile cetăti ale saşilor din Ardeal“ (Die Kirchenburgen der Siebenbürger Sachsen, Bukarest 1956) beigetragen haben, in dem er sich lobend über die Kirchenburgen und die Sachsen äußerte. Zwar gäbe es auch in anderen Teilen Europas Wehrkirchen, sie hätten aber außer in Siebenbürgen *„nirgends aus zwingender Notwendigkeit ... solche Ausmaße angenommen“*, nirgends würden sie *„eine solche Vielfalt der Lösungen aufweisen“*, und nirgends fände man so *„geistvolle Kombinationen“. „Die Kirchenburg“*, so Oprescu weiter, *„ist nämlich nicht eine kleine unbedeutende Variante der katholischen oder lutherischen Kirche ihrer Zeit, sie ist eine neue architektonische Schöpfung, monumental, originell und vielgestaltig, die im weiten Bereich mittelalterlicher Kunst ein Eigenleben aufweist.“* Und an anderer Stelle: *„Die Kirchenburg, diese kühne und eigenartige Schöpfung* *der Siebenbürger Sachsen, widerspiegelt deren Haupteigenschaften. Sie ist Ausdruck ihrer Energie, ihres standhaften Charakters, ihrer Tüchtigkeit, des Gemeinschaftssinnes, der diesen Stamm des deutschen Volkes kennzeichnet."* Diese Worte aus dem Munde eines prominenten, rumänischen Fachmannes – Oprescu war Mitglied der Akademie der Wissenschaften Rumäniens – haben damals das Selbstbewußsein der Sachsen angesichts der kommunistisch-nationalistischen Demütigungen der Nachkriegsjahre gestärkt. Oprescus Meinung übernimmt der Verfassser gern. Unter Berufung auf die genannte rumänische Autorität erschien in den deutschen Publikationen Rumäniens eine Reihe heimatkundlicher Beiträge über Kirchenburgen, wobei allgemein die Meinung herrschte, daß die siebenbürgische Kirchenburgenlandschaft einzigartig in der Welt sei.

Was bleibt dennoch vom Mythos Kirchenburgen? Obwohl es mittlerweile zahlreiche Veröffentlichungen gibt, die nachweisen, daß der Wehrkirchenbau in ganz Europa verbreitet war, zählen die siebenbürgischen Kirchenburgen doch zu den bekanntesten ihrer Art. In allen bau- und kunstgeschichtlichen Lexika oder in Facharbeiten über Kirchenburgen werden jene von Siebenbürgen an erster Stelle als Beispiele genannt. Ihre „Einzigartigkeit" besteht zwar nicht darin, daß es sie nur in Siebenbürgen gibt, sondern darauf, daß sie in fast jeder Landgemeinde hervorragen und daß sie Dorf und Stadtbilder beinahe überall beherrschen und auch gut erhalten geblieben sind. Auch der siebenbürgsich-sächsische Kunsthistoriker Christoph Machat legte das überzeugend dar.

Für die Sachsen sind sie zudem zu Identifikationssymbolen ihres Abwehrkampfes gegen Tataren und Türken sowie ihres Behauptungswillens gegen andere ihnen vom Schicksal auferlegten Widrigkeiten geworden. Nach Bischof Albert Klein ist die Kirchenburg *„zum Sinnbild der Geborgenheit geworden, das auf jene feste Burg hinweist, die Gott selber* *denen sein will, die sich ihm anvertrauen.“* Architekt Hermann Fabini unterstreicht auch den künstlerisch-ästhetischen und gemeinschaftstiftenden Bereich: *„Die Kirchenburgen haben außer der mittelalterlichen Verteidigungsfunktion noch zwei Dimensionen, die über das rein Zweckmäßige hinausgehen: Sie wurden von ihren Erbauern auch als Kunstwerke und als Darstellung selbstbewußten Gemeinschaftslebens geschaffen.“* Die Ergriffenheit, die jeden erfaßt, der die Kirchenburgen kennenlernt, so Fabini weiter, beruht sicherlich zum großen Teil auf ihren ästhetischen Qualitäten.

Beim Kunsthistoriker Walter Myss heißt es zusätzlich: *„Aus architektonisch-künstlerischer Sicht wurden die Kirchenburgen dadurch zu Kunstwerken, daß es ihren Erbauern gelang, die verschiedenen von der Ringmauer umschlossenen Bauwerke zu einem ästhetisch überzeugenden Ganzen zu vereinen. Die Kubisten in der Frühzeit unseres Jahrhunderts hätten ihre helle Freude an diesen kubenreichen Ensembles von verschiedenen Baukörpern gehabt. Tatsächlich gibt es wenige bauliche Gesamtkunstwerke des Mittelalters, in denen Kirchenbau und weltliche Wehrarchitektur zu einer so überzeugenden Einheit verschmolzen sind. Dazu kommt das in einzelnen Beispielen wunderbar geglückte, durch kontrapunktische Komposition – hier blockhafte Würfelförmigkeit, dort ausschweifende Rundung, hier wandhafte Geschlossenheit, dort sich öffnende Nischen zwischen den Wandpfeilern und unter den Stützbogen – gesteigertes Zusammenspiel verschiedenartiger Baukörper auf engstem Raum.“*

Der Verfasser gesteht, daß auch ihn die siebenbürgischen Kirchenburgen aufs Neue immer wieder beeindrucken; sie gehören neben den mittelalterlichen Städten zu den begehrtesten Touristenzielen in Siebenbürgen. Ihr Bekanntheitsgrad und ihre Bedeutung zeigen sich in der Aufnahme der Kirchenburgen von Birthälm, Wurmloch, Keisd, Deutsch-Weißkirch, Kelling und die szeklerische Wehrkirche von Ders (rumänisch: Dârjiu) ins UNESCO-Weltkulturerbe.

Sehen wir uns jetzt die Kirchenburgen näher an:

Was die Zahl der ursprünglich vorhandenen und erhalten gebliebenen Kirchenburgen betrifft, gibt es stark von einander abweichende Zahlen. Sie bewegen sich zwischen 120 und 300. Die meisten Quellen nennen rund 150 erhaltene Kirchenburgen, dies scheint ein realistisches Mittel zu sein, dem wir uns anschließen.

Die Rosenauer Burg

8) Baugeschichte, Entwicklung, Gestaltung und Wesenszüge der Kirchenburgen

In der allgemeinen und in der Fachliteratur werden die Bezeichnungen *„Wehrkirchen"* und *„Kirchenburgen"* gebraucht. Einige Lexika und Fachleute differenzieren, daß man besonders entwickelte kirchliche Wehranlagen wie beispielsweise jene in Siebenbürgen als *„Kirchenburgen"* bezeichne und mit einfacheren Wehreinrichtungen versehene Kirchen *„Wehrkirchen"* nenne. Andere Facharbeiten verwenden beide Begriffe synonym; dies tut auch der Verfassser hier.

Die Repser Burg

Eine Kirchenburg besteht demnach aus einer mehr oder weniger befestigten Kirche, umgeben von einer oder mehreren Ringmauern mit Wehrtürmen. An der inneren Ringmauer legte man Kammern an, in denen Vorräte schon zur Friedenszeit gelagert wurden. In einem Turm bewahrte die gesamte Gemeinde wie in einer Kühltruhe ihren Speck auf. In jedem Kirchhof, oft sogar in der Kirche selbst befand sich ein Brunnen.

Die Kirchenburg von Stolzenburg in der gleichnamigen Gemeinde war Bauern- und Grenzburg des Hermannstädter Stuhls

Die Kirchenburg Schönberg um 1930

Anfangs errichteten die deutschen Siedler außer einfachen Schutzhecken um ihre Dörfer für mehrere Gemeinden je eine steinerne Schutz- und Fluchtburg auf einer Bergkuppe und in einem Waldversteck. Das hat sich allerdings nicht bewährt: Es dauerte bei Überfällen einfach zu lange, diese Fluchtorte zu erreichen. Daher wurden die Fluchtburgen aufgegeben und die Kirchen im Dorf wehrhaft ausgebaut. Von den einstigen Fluchtburgen zeugt beispielsweise in Keisd heute eine imposante Ruine auf einem Berg außerhalb der Ortschaft, während im Marktflecken selbst eine gut befestigte Kirchenburg steht. Nur in Reps, Rosenau und Stolzenburg behielt man diese Fluchtburgen bis heute bei, besserte sie im Bedarfsfall aus und richtete Museen darin ein. Die Stolzenburg galt auch als Grenzburg des Hermannstädter Stuhls.

Heute weiß jeder Siebenbürger Sachse zu erzählen, daß die Kirchenburgen zum Schutz gegen die Türken errichtet worden seien. Dieser Sachverhalt trifft zwar zu, bedarf aber einer Ergänzung. Bereits 1291 war in einem Schreiben des Königs Andreas III. davon die Rede, daß die Sachsen ihre Kirchen zu Verteidigungszwecken befestigten. Die Türkeneinfälle ab 1420 beschleunigten die Befestigung der Gotteshäuser, die nun zu wahren Festen umfunktioniert wurden.

Der Ausbau und die Vervollkommnung der Kirchenburgen wurden aber auch nach dem Ende der unmittelbaren

Türkengefahr fortgesetzt. Siebenbürgen wurde 1542 ein tributpflichtiges Fürstentum des osmanischen Reiches; danach traten die Türken auf dem siebenbürgischen Kriegsschauplatz erst in Erscheinung, wenn ihre Herrschaft in Gefahr geriet, oder wenn sie in den Thronkämpfen von einer der kriegführenden Parteien zu Hilfe gerufen wurden. Die Kirchenburgen behaupteten ihre Funktion in zahlreichen Thronkämpfen und bürgerkriegsähnliche Fehden bis zur Festigung der Habsburgerherrschaft im Zeitalter Prinz Eugens. Damit einher ging eine vielerorts komplexere Ausgestaltung durch den Bau von Wehrgeschossen über der Kirche, die Errichtung neuer, wegen der Feuerwaffen abgerundeter Wehrtürme oder solcher mit Pultdächern, Erhöhung und Ummantelung älterer Türme, Sicherung der Tores durch Vorbauten, Aufziehen einer zweiten oder sogar dritten Wehrmauer, die Anlage von Wassergräben um den äußeren Ring.

Diese Arbeiten wurden auch im 17. Jahrhundert weitergeführt; in dieser Form sind sie auf uns übergekommen, als das Ergebnis einer bautechnischen Entwicklung von drei bis vier Jahrhunderten. Ihnen lag keinesfalls von vornherein ein fester Bauplan zugrunde.

Architekt Hermann Phleps rekonstruiert auf der Folgeseite abgedruckten Zeichnungen, die Bauetappen der Kirchenburg von Schönberg – beispielhaft für die Entwicklungen auch anderswo.

Man kann bei den siebenbürgischen Kirchenburganlagen hauptsächlich zwei Grundtypen oder auch eine Mischform beider Typen unterscheiden. Bei manchen Bauten, beispielhaft im Burzenland, wurde das Gotteshaus nicht wehrhaft ausgestattet, bestenfalls waren dem Glockenturm Verteidigungsaufgaben zugedacht, die Ringmauern wurden besonders stark befestigt, da auf ihnen die Verteidiger standen.

Das Paradebeispiel für diesen Bautypus ist die Kirchenburg von Tartlau am Einfallstor der Südkarpaten, errichtet wohl

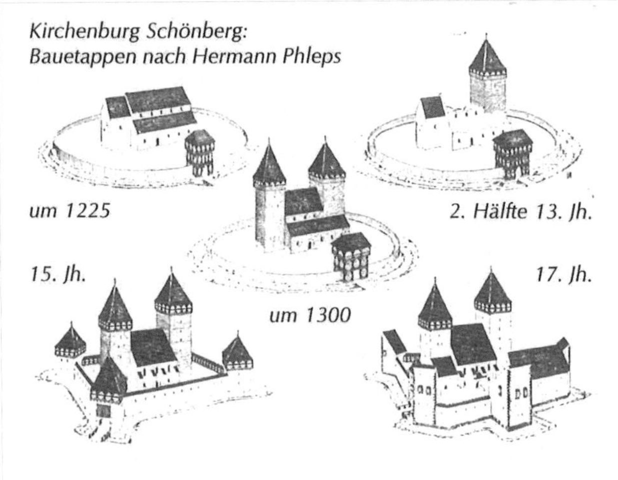

Links oben – Um 1225: Turmlose Basilika in einem mit Palisaden und Graben umgebenen Hof mit hölzernem Torturm. **Rechts oben** – Zweite Hälfte des 13. Jahrhunderts: Am Westende der von den Tataren zerstörten Kirche wurde ein steinerner Wehrturm mit hölzernem Wehrgang errichtet; der Chor wurde behelfsmäßig als Gotteshaus instandgesetzt; der Kirchplatz wurde mit Graben und Wall umwehrt. **Mitte** – Möglicherweise um 1300: Die Kirche ist wieder aufgebaut mit einem zweiten Wehrturm über dem Chor. **Links unten** – Nach den Türkenüberfällen im 15. Jahrhundert: Der Wall ist durch eine Ringmauer mit vier Ecktürmen ersetzt, was die Erhöhung der beiden Kirchtürme erforderlich machte. Durch die Erhöhung der Seitenschiffe wurde die Basilika zu einer Hallenkirche. **Rechts unten** – 17. Jahrhundert: Verlegung der nördlichen Umfassungsmauer um fünf Meter nach außen, Errichtung eines Wehrgebäudes mit Schießscharten Die Ecktürme erhielten Pultdächer. Innerhalb der Kirchenmauer richteten die Bauern Vorratskammern ein.

schon vor 1300. Deren Kreuzkirche aus dem 13. Jahrhundert mit einem später auf der Vierung des Langhauses und des Querschiffes aufgerichteten Glocken- und Wachtturm ist unbewehrt. Den Kirchhof umgeben jedoch unter den sächsischen Kirchenburgen die am stärksten ausgestatteten Ringmauern mit Wehrtürmen. Die bis ins 17. Jahrhundert nach zahlreichen Belagerungen und Zerstörungen immer wieder aufgebaute und erweiterte Wehranlage bot 1704, als die Kuruzzen ein letztes Mal die Ortschaft plünderten, folgendes Bild:

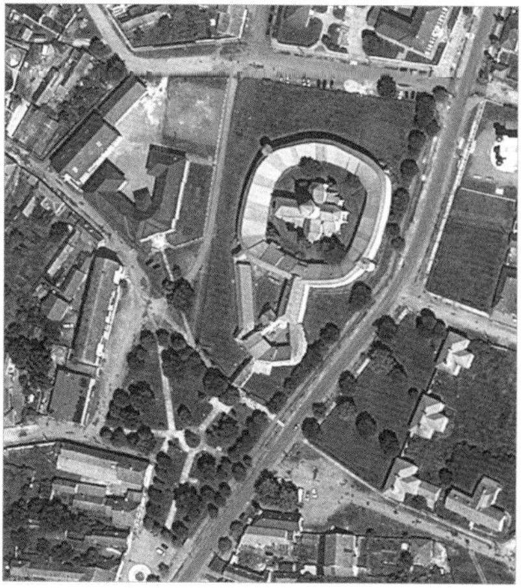

Tartlau – Luftaufnahme

Die erste ovale Hauptringmauer hatte eine Länge von 72, eine Höhe von etwa 14 und eine Stärke von 4,5 Metern. In ihrem oberen Teil verlief ein etwa zwei Meter breiter und gedeckter Wehrgang mit Schießscharten, Gußöffnungen und Aborterkern. Vier aus der Mauer hervorstehende Türme und eine mächtige Torwehr ermöglichten es, von außen anstürmen-

Tartlau – mit der am stärksten befestigten Kirchenburg Siebenbürgens

Innenhof der Tarlauer Kirchenburg mit Vorratskammern an der Ringmauer

de Feinde zu beschießen. Eine zweite niedrigere Mauer lag etwa drei Meter vor der Hauptringmauer. Eine 32 Meter lange turmartige Einfahrt, durch Fallgatter und Eichentore absperrbar, führte ins Burginnere. Seit dem 16. Jahrhundert besaß das Tor eine Vorburg, von der bis zum Südwestturm eine weitere Mauer gezogen worden war, wodurch ein Zwinger entstand. Ein Wassergraben umgab die gesamte Anlage. An der Innenmauer lagerten wie Bienenwaben in vier übereinander liegenden Geschoßen über 250 Vorratskammern.

Die Tartlauer Kirchenburg wurde nach 1945 restauriert, 1962-1970 durch die staatliche Denkmalpflege und 1992-1996 durch die Siebenbürgisch-Sächsische Stiftung; heute ist sie bestmöglich erhalten.

Von den anderen Kirchenburgen des Burzenlandes hatte Honigberg mit einem massiven Glockenturm, zwei Mauergürteln, sieben Türmen und einem breiten Wassergraben eine annähernd so starke Befestigung wie Tartlau.

Zu diesem „Burzenländer“ Bautypus gehört auch in Südsiebenbürgen die Kirchenburg von Birthälm. Das auf einem

Hügel stehende Kirchengebäude war nicht befestigt, besaß aber drei schützende Ringmauern mit Wehrtürmen, von denen bis heute noch sieben Türme, zwei Bastionen und beträchtliche Teile des Wehrgürtels erhalten geblieben sind.

Bei dem anderen Typus der Kirchenburgen wurde die Verteidigung weniger auf die Ringmauern und mehr auf das Gotteshaus gelegt, das als letzter Zufluchtsort diente. Bei diesen Anlagen wurde in vielen Fällen über dem Kirchenraum ein Wehrgeschoß mit Schießscharten, Gußlöchern (Pechnasen) und Wehrgang errichtet, wobei sich ein Wehrgang über die Kirchenmauer hinausragend auf Strebepfeiler, Konsolen oder Bögen stützte.

Der Zugang zu dem wehrhaft eingerichteten Stockwerk der Kirche erfolgte über einen der anschließenden Türme oder über eine eigene hochgelegene Pforte, die über eine bewegliche Leiter erreicht werden konnte, die Belagerten hinter

Birthälm – Die gotische Kirchenburg, umgeben von drei Ringmauern, ist wegen ihres malerischen Aussehens die am meisten photographierte Wehrkirche Siebenbürgens. Birthälm war von 1572 bis 1867 Bischofssitz der evangelisch-sächsischen Kirche.

sich einziehen konnten. Viele Kirchen von diesem Typus besitzen außerdem einen mächtigen Glockenturm, der zugleich Wehrturm war.

Die Kirchenburgen waren demnach Anlagen der Verteidigung der Schwerpunkt entweder auf dem befestigten Gotteshaus oder auf den Ringmauern lag, allgemein aber spielten beide zusammen.

Sehen wir uns weitere Kirchenburgen in Südsiebenbürgen an:

In Bußd bei Mühlbach und in Henndorf stehen turmlose Kirchen, die eher wie Bunker oder Speicher aussehen. Über dem Chor und dem Saal der Kirche von Bußd erhebt sich ein Wehrgeschoß, auf Strebepfeilern und Bögen aufgesetzt. In Henndorf wird das gemauerte Wehrgeschoß über dem Chor und dem Saal der Kirche von einem hölzernen Wehrgang ummantelt. Derartige blockförmige Wehrkirchen stehen ferner in Tobsdorf, Klosdorf, Keisd und Frauendorf. In letzterem sitzt auf der Vierung von Lang- und Querschiff

Bußd bei Mühlbach – Die Kirchenburg mit bunkerartig befestigter Kirche und Ringmauer

der Kirche ein Dachreiter mit offenem Wehrgang aus Fachwerk. In Klosdorf und Keisd bilden Saal und Chor der Kirche jeweils einen geschlossenen Block mit Wehrgeschoß mit Gußlöchern unter den Trägerbögen. In Keisd steht neben der Kirche ein dem Schäßburger Stundturm nachgebildeter

Deutsch-Weißkirch mit einer malerischen Kirchenburg

Baaßen – Die Kirchenburg beeindruckt durch ihre massiven Wehrtürme.

massiver Wehr- und Glockenturm. Alle diese Kirchen waren natürlich auch von Ringmauern umgeben, der Schwerpunkt der Verteidigung lag aber mehr bei der befestigten Kirche.

Die Kirchenburg Wurmloch

In Wurmloch präsentiert sich dem Betrachter eine beeindruckende Feste. Die Kirche besitzt einen viergeschoßigen Chorturm und einen ebenso hohen Westturm, beide unter dem Dach von einem offenen Wehrgang umschlossen. Die Türme sind miteinander über das Wehrgeschoß des Kirchensaales verbunden und bilden dadurch eine geschlossene, einheitliche Wehrburg, von Strebepfeilern, Bögen und Vorbauten umgeben. Die vielen Tragebögen verleihen dem Bau eine ausdrucksvolle bauplastische Wirkung. Obwohl die Kirchenburg auch eine Ringmauer mit zwei Bastionen und einem Turm besitzt, hat man den Eindruck, daß man sich mehr auf die befestigte Kirche verließ.

In der mächtigen Kirche von Meschen sind die Wehrakzente anders verteilt. Ein Wehrgeschoß besitzt nur der Chor der Kirche, dafür wurden aber über dem Nord- und Südportal turmartige Vorbauten aufgesetzt. Der Glockenturm der

Großau – Die imposante Wehrkirche mit doppeltem Bering

Kirche findet im mächtigen Torturm der Wehrmauer einen ebenbürtigen Partner. Der Bering war versehen mit zwei weiteren Türmen und einer Bastei; er wurde an der Südseite durch eine zweite Ringmauer mit Zwinger abgesichert.

Eine *„feste Burg“*, wie es im Luther-Lied heißt, kann man in Heltau bewundern. Die gemauerten Baukörper der Kirche, des Glockenturms, der Vorbauten über dem Süd- und am Nordeingang der Kirche, sowie der zwei Basteien und der Torwehre gleichen kubistischen Blöcken. Sie erheben sich innerhalb einer doppelten Ringmauer, die von einem Wassergraben umgeben war.

Wir sehen davon ab, weitere Wehrkirchen dieser Art vorzustellen, da man die hier genannten Wehrkomponenten in verschiedener Zusammensetzung bei allen anderen Kirchenburgen Südsiebenbürgens zu sehen bekommt, d. h. Verteidigung durch wehrhafte Kirche und Ringmauer mit Türmen. Besonders imponierend und gleichzeitig malerisch zeigen sich die Kirchenburgen von Baaßen, Bogeschdorf,

Kleinschelken – Die Kirchenburg mit zwei Wehrtürmen und drei aufgestockten Wehrgeschossen über dem Chor

Eibesdorf, Großkopisch, Jakobsdorf, Probsdorf, Trappold, Hundertbücheln, Deutsch-Weißkirch, Draas, Katzendorf, Hamruden, Seligstadt, Arkeden u. a.

Oft übersehen, aber zu erwähnen sind noch die Kirchenburgen des Nösnerlandes. Sie waren weniger stark ausgebaut – vielleicht weil die Türken das Gebiet nicht überfallen haben –, ihre Verteidigungsbauten beschränkten sich auf eine einfache Ringmauer und einen oder zwei Wehrtürme. Erhalten blieben bis heute je ein Wehrturm in Mettersdorf und Treppen und eine niedrige Ringmauer mit Glockenturm in Lechnitz.

Nicht übersehen sollte man die Wehrkirchen der Szekler. Von den 182 im Jahre 1975 in die Denkmalschutzliste Rumäniens aufgenommenen Kirchenburgen befanden sich 56 im Szeklerland. Von den sächsischen Kirchenburgen haben sich mehr als 100 in teils gutem, teils gefährdetem Zustand erhalten.

Kirchenburganlagen wie jene von Tartlau, Honigberg,

Mettersdorf in Nordsiebenbürgen – von der einstigen Kirchenburg hat bloß ein Wehrturm überlebt.

Heltau und Birthälm konnten auch der Belagerung durch Heere von einer gewissen Stärke standhalten, in den meisten Dörfern boten die Wehrkirchen indessen Schutz bloß gegen Raubüberfälle kleinerer Aufgebote, die losgelöst vom Gros des Heeres plündernd das Land durchzogen. Das türkische Heer wurde von Sklavenhändlern begleitet, die am Ort des Geschehens Gefangene kauften und auf die Sklavenmärkte auf den Balkan trieben. Während der zahlreichen Bürgerkriege des 16. und 17. Jahrhunderts bildeten sich unabhängig von den kämpfenden Heeren kleinere, versprengte Räuberbanden.

Einige sächsische Gräfen bauten schon im 13. Jahrhundert Bergfriede, die sie mit Mauern umgaben. Am bekanntesten ist die bis heute erhaltene Burg der Erbgräfen von Kelling, die ihre Anlage 1430 der Gemeinde verkauften, die daraufhin darin eine Bauernburg einrichtete.

Die Sachsen haben sich auch am Bau von Grenzburgen beteiligt. Die Burzenländer bauten auf dem Dietrichfelsen im Jahre 1377 an Stelle einer Befestigung, die auf den Deutschen Ritterorden zurückging, die imposante steinerne Törzburg,

Kelling – die Gemeinde kaufte 1430 die ursprüngliche Gräfenburg von der Gräfenfamilie und baute sie in eine Bauernburg um.

die sich gut erhalten hat und fälschlicherweise als „Dracula“-Burg den Touristen „verkauft“ wird. Die „Sieben Stühle“ errichteten Festungen am Roten Turm-Paß bei Talmesch: die Landskrone, die Lauterburg und den „Roten Turm“.

Die Törzburg

Die Törzburg – im 13. Jahrhundert am Bran-Paß von Sachsen errichtet. Die gut erhaltene und restaurierte Burg wird Besuchern fälschlicherweise als Wirkungsstätte des Vampirs Dracula „verkauft“.

Der Deutsche Ritterorden hat im Burzenland und an den benachbarten Karpatenpässen mehrere Burgen gebaut. Laut Schenkungsurkunde von 1211 sollten es nur Holzburgen sein. Der Orden hat sich aber anscheinend nicht an diese Bedingung gehalten. Erst 1222 wurde ihm die Errichtung von Steinburgen zugestanden, doch schon drei Jahre später mußte er das Burzenland verlassen. Die Lokalisierung der von ihm hinterlassenen Burgen ist zum Teil umstritten. Gesichert sind als ursprüngliche Ordensburgen jene von Marienburg, wo der Orden seinen Sitz hatte, jene auf dem Dietrichfelsen und die Kreuzburg am Buzăupaß. Wahrscheinlich sind die Schwarzburg bei Zeiden, die Heldenburg bei Heldsdorf und die Rucărburg an der Paßstraße nach Langenau (Câmpulung) in die Walachei.

C) Maßnahmen zur Erhaltung der von den ausgesiedelten Sachsen zurückgelassenen und verwaisten Baudenkmäler

1) Stiftungen zur Sicherung siebenbürgisch-sächsischer Dörfer und Städte sowie von deren Baudenkmälern

Solange es intakte sächsische Volks- und Kirchengemeinden in Siebenbürgen gab, haben sie ihre Kirchen, Kirchenburgen, historischen Baudenkmäler und ihre Wohnhäuser instand gehalten sowie renoviert und restauriert. Sie erhielten dabei zum Teil Hilfe aus der Bundesrepublik Deutschland und bis in die 1970er Jahre auch vom Amt für Denkmalpflege Rumäniens. Ende der 1970er Jahre strich jedoch der kommunistische Staat die Gelder dafür. Die Lage verschlechterte sich indessen nach der Wende von 1989/90 noch mehr. Als Folge der massiven Aussiedlung des größten Teiles der Siebenbürger Sachsen in die Bundesrepublik Deutschland lösten sich die traditionellen völkisch-kirchlichen Gemeinschaften auf, und ihre zurückgelassenen und zum Teil verwaisten Häuser, Kirchen, Kirchenburgen, städtischen Baudenkmäler und andere Sachgüter gerieten in große Not. Viele Kirchen wurden und werden von den geschrumpften, bloß einige Familien zählenden Gemeindemitgliedern nicht mehr oder selten benutzt, die Gemeinden sind daher weder personell noch finanziell in der Lage, die Gotteshäuser instandzuhalten und zu betreuen. Die ungesicherten Kirchen werden dadurch oft Opfer von Einbrüchen mit Kunstdiebstählen, und an den Bauten machen sich zunehmend Schäden bemerkbar. Ohne Hilfe ist deren Verfall nicht aufzuhalten.

Auf dem Lande, vor allem in abgelegenen Dörfern, verwahrlosen die von Sachsen zurückgelassenen, unbewohnten, aber auch vor allem von Zigeunern besetzten Häuser. Das traditionelle sächsische Dorfbild mit seinen stolzen, farbenfrohen Häuserfassaden droht zu verschwinden.

Die traditionsbewußten Sachsen nehmen den Verfall ihres Kulturerbes jedoch nicht teilnahmslos zur Kenntnis. Auch auf internationaler Ebene ist man um die Erhaltung dieser einzigartigen Natur- und Kulturlandschaft Siebenbürgens bemüht. Mehrere Stiftungen wurden daher als Geldgeber zu diesem Zweck gegründet.

In Deutschland haben sich die aus dem selben Dorf ausgesiedelten Sachsen in Heimatortsgemeinschaften zusammengeschlossen. Sie halten die Verbindung zum einstigen Heimatort aufrecht, gewähren ihren dort verbliebenen Bekannten Hilfe, besuchen sie und betreuen Kirchen und Friedhöfe, oft mit denkmalpflegerischem Beistand.

Der Siebenbürgisch-Sächsische Kulturrat in der Bundesrepublik Deutschland ergriff die Initiative, die siebenbürgisch-sächsischen Bauwerke zunächst zu dokumentieren, um auf dieser Grundlage Vorschläge zu ihrer Sicherung zu unterbreiten. So wurden im Rahmen eines von der Bundesregierung Deutschlands finanzierten Projekts mit Hilfe des rumänischen Denkmalamtes und anderer Institutionen durch sächsische, bundesdeutsche und rumänische Fachleute in den Jahren 1991-1995 alle sächsischen Siedlungen denkmaltopographisch aufgenommen. Diese Dokumentation erfaßt nicht nur Baudenkmäler im engeren Sinne des Wortes wie etwa die Kirchen und Kirchenburgen sondern alle sächsischen Häuser und auch charakteristische Bauten der nichtdeutschen Bewohner. Das Ergebnis dieser Dokumentation wird in mehreren Bänden veröffentlicht. Ob die als schutzwürdig erklärten Bauten tatsächlich erhalten werden können, ist jedoch zu bezweifeln. Der Nachwelt bleibt aber zumindest eine wertvolle Dokumentation über die sächsischen Baudenkmäler, die jeweils kurz beschrieben und fotografisch festgehalten worden sind.

Größere Aufgaben nimmt die 1979 auf Initiative des siebenbürgisch-sächsischen Unternehmers Ernst Habermann gegründete Siebenbürgisch-Sächsische Stiftung mit dem Sitz in München wahr. Sie fördert allgemein Forschungen der einstigen Heimatregion sowie Renovierungs- und Restaurierungsarbeiten an bedeutenden Bauwerken. In den letzten 20 Jahren wurden von ihr mehrere Kirchenburgen restauriert. Sie arbeitet ferner mit anderen Stiftungen zusammen und bemüht sich, möglichst viele dieser einzigartigen Bauten zu erhalten.

Um Bekanntmachung und Erhalt des sächsischen Kulturerbes im Ausland bemühen sich sodann der Siebenbürgisch-Sächsische Kulturrat des Verbandes der Siebenbürger Sachsen in der Bundesrepublik Deutschland sowie der Arbeitskreis für Siebenbürgische Landeskunde mit dem Sitz in Gundelsheim.

Bei der Sicherung der Kulturdenkmäler engagierte sich ferner die Stiftung „Deutsches Kulturerbe in Rumänien“, die 1993 durch Klaus Terfloth, den deutschen Botschafter in Bukarest, gegründet worden war. Die Stiftung hatte sich zur Aufgabe gestellt, in Deutschland für die Unterstützung der deutschen Kulturgüter in Rumänien zu werben. Sie konnte mit finanzieller Hilfe der Bundesrepublik mehrere denkmalpflegerische Projekte ohne einseitige Bevorzugung des Kulturerbes einer Konfession durchführen.

Hervorzuheben ist die Tätigkeit der Messerschmidt-Stiftung

in München, die in Schäßburg die Instandsetzung der Bergkirche, des Hauses mit dem Hirschgeweih und anderer Bauwerke auf der Burg finanzierte, dann die Niermann-Stiftung, die in Schäßburg und Hermannstadt mehrere Bauten sanierte und die Sicherung mehrerer Kirchenburgen betrieb.

Für die Sicherung von Kirchenburgen steuerte auch die in Berlin ansäßige Kulturstiftung der Bundesländer einen beachtlichen Betrag bei. Zweige und Ortsgruppen der Rotary- und Lions Clubs fördern desgleichen in Einzelfällen die bauliche Sicherung einiger bekannter Kirchenburgen. Das Gustav-Adolf-Werk unterstützt ebenfalls einige evangelisch-sächsische Diasporakirchen. Eine Reihe von Projekten des Denkmalschutzes finanziert seit 1996 schließlich die bundesdeutsche Stiftung Umwelt.

Zu den genannten Stiftungen kommen Spenden von Einzelpersonen und der Einsatz einzelner Fachkräfte bei Renovierungsarbeiten.

In Radeln bei Reps ist beispielsweise der bekannte, aus Kronstadt stammende Rockstar Peter Maffay bemüht, Kirchenburg, Pfarrhaus und andere Gebäude zu renovieren und in einem Neubau ein Erholungsheim für traumatisierte Kinder einzurichten.

Mittlerweile gibt es auch eine rumänische Stiftung „Monumentum" mit dem Sitz in Alzen, dem Heimatdorf des Stiftungsleiters Eugen Vaida, die unter Mitwirkung des Nationalen Instituts für Kulturerbe an der Erstellung einer historischen Architektur-Datenbank arbeitet. Es wurden bereits 15.000 Häuser in den Kreisen Hermannstadt, Kronstadt und Mieresch photographiert. Die Stiftung bietet professionelle Beratung für Hausbesitzer und für lokale Verwaltungen zur denkmalgerechten Renovierung alter Gebäude an. Die Stiftung bemüht sich um Vermittlung sächsischen Kulturgutes an Rumänen. Sie wird durch den Global Heritage Fund finanziert.

Um die Vermittlung von Wissen über das rumäniendeutsche Kulturerbe unter der rumänischen Bevölkerung und um die Werbung für deren Erhalt bemüht sich auch der rumänische Verein „Renascendis". Dieser hat seinen Sitz in Felmern und wird von Radu Bârlea geleitet.

Trotz all der genannten Bemühungen ergab eine Bestandsaufnahme 2004, daß von den rund 150 bedeutenden Kirchenburgen etwa 100 gefährdet waren und eines schnellen Eingriffs bedurften, um den Weiterverfall aufzuhalten. Daraus ergab sich die Notwendigkeit, eine zentrale Koordinationsstelle zu gründen, um je nach Dringlichkeit Sofortmaßnahmen zu ergreifen. So entstand 2007 die sogenannte „Leitstelle Kirchenburgen" des Evangelischen Landeskonsistoriums in Hermannstadt, die seither mit kompetenten Fachleuten Sicherungsmaßnahmen unternimmt. Dazu fließen Gelder aus verschiedenen Quellen der Bundesrepublik, aber auch aus Spenden der Heimatortsgemeinschaften. So konnte bis 2010 an 22 Kirchenburgen gearbeitet werden. Mittlerweile sind Arbeiten an 70 Kirchenburgen erforderlich. Die Technische Universität Wien unterstützt zurzeit die Leitstelle Kirchenburgen im Rahmen der Förderung vom Beauftragten der deutschen Bundesregierung für Kultur und Medien.

2) Prinz Charles und die siebenbürgisch-sächsische Kulturlandschaft

Ein besonderer Förderer der siebenbürgisch-sächsischen Kulturlandschaft ist kein geringerer als Charles, Prince of Wales. Im Jahr 1998 hat er erstmals Siebenbürgen besucht und sich buchstäblich in das Land verliebt. Seither besucht er regelmäßig Siebenbürgen, vor allem Deutsch-Weißkirch, wo er ein Bauernhaus erworben hat, in dem er auch wohnt. Ein zweites Bauernhaus hat er in Valea Zălanului im szeklerischen Kreis Covasna gekauft. Zusätzlich hat er auch Ackerbauflächen erworben; Prinz Harry hat ihn einmal begleitet.

Was ihn an Siebenbürgen beeindruckt, hat er 2007 im Vorwort des deutsch-englischen Buches „Kirchenburgen in Siebenbürgen. Fortified Churches in Transylvania", herausgegeben von Robert Stollberg und Thomas Schulz, zum Ausdruck gebracht, aus dem wir zitieren: *„Als ich Siebenbürgen vor fast acht Jahren das erste Mal besuchte, war ich schlichtweg überwältigt von seiner einzigartigen Schönheit und seinem außerordentlich reichen kulturellen Erbe. Was ich vorfand, war für mich völlig überraschend und ganz anders als andere Orte in Europa, die ich besucht hatte. Ich fand einen verborgenen Teil des Kontinents, wie er sonst im zwanzigsten Jahrhundert weitgehend verschwunden ist, so als ob die industrielle Revolution nicht stattgefunden hätte.*

Die bemerkenswerten sächsischen Dörfer gehören zu den Besonderheiten in Siebenbürgen, und nichts ist charakteristischer für sie als die großartigen Kirchenburgen, die sich im Herzen eines jeden Dorfes befinden. Jahrhunderte alt, errichtet von deutschen Siedlern, um tatarischen und türkischen Einfällen zu widerstehen, sind sie machtvolle Symbole von Siebenbürgens Geschichte und Erbe, was in den Fotografien dieses Buches sehr gut zum Ausdruck kommt. Seit jenem ersten Besuch habe ich versucht, so viel wie möglich zu helfen, um das Vermächtnis Siebenbürgens und alles, was so selten und einzigartig an Siebenbürgen ist, zu bewahren."
Es heißt dann im Vorwort fortfahrend, daß dieses Vermächtnis noch nicht verloren, wohl aber gefährdet sei, nachdem die Sachsen in den frühen 1990er Jahren massenweise nach Deutschland ausgewandert seien. *„In den letzten acht Jahren"*, heißt es dann weiter, *„auch durch meine Schirmherrschaft des Mihai Eminescu Trusts, habe ich mein Möglichstes getan, um eine nachhaltige Zukunft für die sächsischen Dörfer Siebenbürgens und deren Menschen zu gewährleisten. Der Tourismus spielt dabei natürlich eine wesentliche Rolle, und ich hoffe, daß dieses faszinierende Buch die Schönheit und Geschichte Siebenbürgens einem breiten Publikum be-*

kannt machen und andere anregen wird, dahin zu fahren, um die sächsischen Dörfer Siebenbürgens kennenzulernen ...“

Auf die Initiative des Prinzen wurde 1999 in London der „Mihai Eminescu Trust“ (MET) gegründet, über den er die Schirmherrschaft übernahm. Diese Stiftung wird hauptsächlich durch private Spendengelder aus Großbritannien, den USA und den Niederlanden finanziert. Ihre Ziele sind die Erhaltung und Wiederherstellung der historischen Bausubstanz, der Schutz des kultivierten und natürlichen Landschaftsraumes, die Wiederbelebung des wirtschaftlichen Lebens in den dörflichen Gemeinschaften sowie die Ausbildung von Handwerkern in modernen und historisch-traditionellenen Techniken und Berufen. Im Zentrum der Stiftungsarbeit steht der Erhalt des reichen kulturellen Erbes der Siebenbürger Sachsen. Die Stiftung nahm ihre Tätigkeit in Deutsch-Weißkirch und anderen sächsischen Dörfern im Repser Gebiet auf und hat bis 2010 in 25 Ortschaften 600 Baumaßnahmen an Häusern, Scheunen, Brücken, Kirchen und Türmen durchgeführt. Dem Trust wurde in Anerkennung seiner Verdienste um Denkmal- und Ortsbildpflege, Denkmalschutz und sozialen Bereich sowie im Denkmalschutz der Preis der Europäischen Union für Kulturerbe „Europa Nostra“ zuerkannt, weitere Preise und Anerkennungen folgten.

An den von MET finanzierten denkmalpflegerischen Arbeiten waren Fachkräfte der „Bundesdeutschen Interessengemeinschaft Bauernhaus“ aus Lilienthal beteiligt. Dabei gesammelte Erfahrung über altbaugerechte Instandsetzung von Bauernhäusern wurden in zwei Büchern dokumentiert: „Das sächsische Bauernhaus in Siebenbürgen“ von Jan Hülsemann (2012) und „Hausforscher unterwegs in Siebenbürgen“ von Bernd Kunze (2013). Das Buch von Hülsemann wird im Vorwort von Prinz Charles desgleichen als eine weitere Anregung zum Besuch Siebenbürgens empfohlen

Bei seinem Besuch im Jahr 2009 hat Prinz Charles ein Zentrum für ökologische Lebensmittel in Keisd eingeweiht. Er erklärte dabei, daß die von ihm betreute Stiftung „Mihai Eminescu“ neben Denkmalpflege Projekte zur ökologischen Landwirtschaft und einen sanften Ökotourismus fördere.

Der bisher letzte Besuch von Prinz Charles fand 2013 statt. Es kam auch zu einer Begegnung mit dem rumänischen Staatspräsidenten Traian Băsescu.

3) Projekt „Entdecke die Seele Siebenbürgens“

Man wird sicherlich nicht alle historischen Baudenkmäler, erhalten können. Wichtig ist jedoch, daß jene Bauwerke, die restauriert werden, einer nachhaltigen Nutzung zugeführt werden, denn sonst verkommen sie. Bei Kirchen, Kirchenburgen und Pfarrhäusern bieten sich mehrere Lösungen an. So sollten Kirchen, die von Sachsen nicht mehr genutzt werden, dort, wo es gewünscht wird, an Gemeinden anderer Konfessionen abgegeben werden, wie dies in Nordsiebenbürgen vielerorts bereits geschehen ist. Auch die Öffnung der Kirchen und Kirchenburgen für kulturelle Veranstaltungen und Errichtung von Museen bieten sich an, sie müssen mit Leben erfüllt werden, denn sonst sterben sie ab. Auch müssen die nichtsächsischen Bewohner dafür gewonnen werden, sich mit den von Sachsen hinterlassenen Kulturdenkmälern zu identifizieren und für deren Erhalt Sorge zu tragen. Ein gutes Beispiel dafür bieten die Stadt Bistritz und andere Ortschaften von Nordsiebenbürgen. Die rumänische Stadtverwaltung von Bistritz hat nach der schon erwähnten Renovierung der Stadtpfarrkirche nach dem Brand von 2008 neben anderen Geldgebern diese mit 1,5 Millionen Euro gefördert, sodaß das Gotteshaus 2013 wieder eingeweiht werden konnte. Man kann dem Bistritzer Bürgermeister Teodor Ovidiu Crețu zustimmen, der im Zusammenhang damit erklärte: *„Wir sind stolz auf unsere Vergangenheit, und wir sind für das überlassene Erbe dankbar. Gleichzeitig fühlen wir uns auch da-*

für verantwortlich, dieses sächsische Erbe zu pflegen und in all seiner Pracht an zukünftige Generationen weiterzureichen.“ Am 31. Mai 2012 wurde dem Bürgermeisteramt durch einen Vertrag die evangelische Stadtpfarrkirche der Stadt Bistritz für 15 Jahre für kulturelle Veranstaltungen und als Museum überlassen, ohne dadurch seinen Charakter als evangelisches Gotteshaus zu beeinträchtigen. Die Stadtverwaltung übernahm alle fälligen Instandsetzungs- und Restaurierungsarbeiten, Eigentumsrecht der evangelischen Kirche bleiben jedoch erhalten.

Die Stiftung „NOSA“ in Bistritz hat gemeinsam mit der Heimatortsgemeinschaft Bistritz aus Deutschland eine von der Stadt finanzierte Monographie über die Kirche in deutscher und rumänischer Sprache herausgegeben, im Gegensatz zur kommunistischen Zeit wird nun nicht mehr verheimlicht, daß Bistritz von Sachsen gegründet wurde und eine deutsche Stadt war.

Zur Steigerung der Attraktivität der Kirchen und Kirchenburgen für Besucher wurde die „Arbeitsgemeinschaft Museenlandschaft Siebenbürgen“ gegründet, die sich um die Gründung, Betreuung und Ausstattung von sächsischen Heimat- und Kirchenmuseen bemüht. Nach einem im Jahr 2008 herausgegebenen Leitfaden „Museen der Kirchenburgen. Kleinode in Siebenbürgen“ von Sören Pichotta gibt es solche Sammlungen in 23 Standorten.

Die Museen wurden von den im Dorf verbliebenen Sachsen gegründet und werden meistens von den Heimatortsgemeinschaften aus der Bundesrepublik unterstützt. Die Sammlungen umfassen Objekte der Sachkultur, die im Alltag der Sachsen, in ihrer Freizeit, bei der Arbeit oder auch im Glaubensleben privat oder gemeinschaftlich einen praktischen Zweck erfüllt haben, aber auch zur Volkskultur gehörten, so etwa Arbeitsgeräte, Webstühle und Spinnräder, Möbel, Öfen, Kacheln, Teppiche, Geschirr, Kleidungs- und Trachtenstücke, Wandschmuck, Bilder, Fotos, Musikinstrumente, Spielzeug und viel Kleinkram. Außer den Heimatstuben der Dorfkirchen zählt Pichotta auch einige Sammlungen von Stadtkirchen zu dieser Kategorie von heimatkundlichen Zeugnissen: die Grabsteinsammlung der Hermannstädter Stadtpfarrkirche, das Landeskirchliche Museum im Hermannstädter Teutsch-Haus mit Objekten zu 800 Jahren Kirchengeschichte und Glaubensleben das Museum in der Schäßburger Klosterkirche mit Exponaten zur Stadtkultur, sowie die Sammlung in der Bergkirche mit Stollentruhen aus Henndorf und Altären von aufgelassenen Kirchen, das Gemeindemuseum der Bartholomae-Kirche von Kronstadt mit Objekten der Landwirtschaft, der ländlichen Wohnkultur und des Gemeinschaftslebens, schließlich die Zeidener Galerie in einem Turm der Kirchenburg mit Gemälden von Eduard Morres.

In etwa 50 Pfarr- und Bauernhäusern wurden sodann Gästehäuser eingerichtet, die zwar keine luxuriösen Unterkünfte bieten, aber dennoch gehobenen Ansprüchen entsprechen mit WC, Dusche, Frühstück, gelegentlich auch Halb- oder Vollpension. Dadurch entstanden jedenfalls romantische Übernachtungsmöglichkeiten auf dem Lande; es gibt auch mehrere Jugendherbergen. Um den Tourismus zu Kirchen und Kirchenburgen zu beleben, wurde im Frühjahr 2013 ein Projekt mit dem Motto „Entdecke die Seele Siebenbürgens“ eingeleitet. Interessenten aus

Türschloß aus der Kirche von Birthälm

dem In- und Ausland wird ein Kirchenburgpaß angeboten, mit dem sie zu ermäßigtem Eintritt 24 Bauwerke besichtigen können. Eine erste Zwischenbilanz ergab bis Oktober 2013 insgesamt 350.000 Besucher. Das beliebteste Reiseziel war die Schwarze Kirche in Kronstadt mit 200.000 Besuchern, gefolgt von den Kirchenburgen in Tartlau, Honigberg, Deutsch-Weißkirch, Birthälm, Kerz, Michelsberg und Heltau. Der 8. September wurde zudem zum „Tag des unbekannten Denkmals" erklärt, an dem mehrere Kirchenburgen erstmalig allgemein zugängig wurden.

Von 1992 bis 2005 hat der Verfasser der vorliegenden Schrift alljährlich eine 15tägige Studienreise aus Nürnberg nach Siebenbürgen im Bus mit Landsleuten und anderen Interessenten aus der Bundesrepublik Deutschland und Österreich veranstaltet. Es haben sich dazu sogar ausgewanderte Sachsen aus den USA, Australien und den Niederlanden gemeldet. Die Teilnehmer waren jedes Mal begeistert von den Baudenkmälern Siebenbürgens, von einer Welt ohne Hektik und von deren Öko-Landschaften, die es im Westen so nicht mehr gibt. Bei einigen Teilnehmern war die Begeisterung so groß, daß sie zwei- ja viermal die Reise mitgemacht haben.

Es tut sich somit auf verschiedenen Ebenen manches, um das kostbare Kulturerbe der Siebenbürger Sachsen zu erhalten.

Wir hoffen auch durch unsere Schrift zumindest das Interesse für diese siebenbürgisch-sächsischen Kulturdenkmäler, für die Seele Siebenbürgens, zu wecken.

Der Herausgeber dieser Eckartschrift darf zum Abschnitt über die erforderlichen und schon geleisteten Instandsetzungsarbeiten an den siebenbürgischen Baudenkmälern nicht unerwähnt lassen, daß die **Österreichische Landsmannschaft** (ÖLM) und der **Allgemeine Deutsche Kulturverband** (ADKV), beide Wien, als private Vereine über die jahrzehntelange caritative Hilfe hinaus z. B.vor allem in Schäßburg einiges geleistet haben: Die enge Zusammenarbeit mit der Südtiroler Landesregierung unter ihrem früheren Landeshauptmann Dr. Luis Durnwalder mit der Regionalregierung Südtirol-

Trentino unter Präsident Dr. Franz Pahl ermöglichte es, einen größeren Betrag für die Schäßburger Bergschule, für den mehrsprachigen Kindergarten (deutsch, rumänisch, madjarisch) und für das Internat zu gewinnen; daran haben sich auch namhafte Firmen aus Österreich beteiligt. Einen weiteren Schwerpunkt setzen die beiden Vereine in der Zusammenarbeit mit der Schweizerischen Stiftung für Orgeln in Rumänien (SSOR) beim Bau einer Orgelbauerschule in Honigberg bei Kronstadt. Dort werden Absolventen der höheren Schulen als Schreiner und Orgelbauer ausgebildet. Die seit mehreren Jahren bestehende Schule kann mit Stolz schon auf zahlreiche restaurierte Orgeln im In- und Ausland hinweisen und hat sich international einen ausgezeichneten Ruf erwoben. Es gilt nicht nur das eigene kulturelle Erbe zu erhalten, sondern in hohem Maße auch, den Einheimischen in Siebenbürgen Arbeitsplätze zu schaffen. (G. Sch.)

Deutsch-rumänisches Verzeichnis der im Text erwähnten Ortschaften

Agnetheln – Agnita
Alzen – Altina
Baaßen – Bazna
Birthälm – Biertan
Bistritz – Bistriţa
Bogeschdorf – Băgaciu
Brenndorf – Bod
Broos – Orăştie
Bußd – Boz
Denndorf – Daia
Deutsch-Weißkirch – Viscri
Draas – Drăuseni
Eibesdorf – Ighişul Nou
Fogarasch – Făgăraş
Felmern – Felmer
Frauendorf – Axente Sever
Galt – Ungra
Großkopisch – Copşa Mare
Großschenk – Cincul
Großscheuern – Şura Mare
Hamruden – Homorod
Hammersdorf – Guşteriţa
Heidendorf – Viişoara
Heltau – Cisnădie
Henndorf – Brădeni
Hermannstadt – Sibiu
Honigberg – Harman
Hundertbücheln – Movile
Jakobsdorf – Iacobeni
Katzendorf – Caţa
Keisd – Saschiz
Kelling – Cĭlnic
Kerz – Cĭrţa
Kirchberg – Chirpar
Klausenburg – Cluj
Kleinschelken – Şeica Mică
Kleinschenk – Cincşor
Klosdorf – Cloaşterf
Kronstadt – Braşov
Lechnitz – Lechinţa
Leschkirch – Nocrich
Marienburg – Feldioara
Mediasch – Mediaş
Meschen – Moşna
Mettersdorf – Dumitra
Michelsberg – Cisnădioara
Mönchsdorf – Herina
Mühlbach – Sebeş Alba
Mergeln – Merghindeal
Neppendorf – Turnişor
Probsdorf – Stejarişu
Petersberg – Sĭnpetru
Radeln – Roadeş
Reichesdorf – Richis
Reps – Rupea

Reußmarkt – Miecurea Sibiului
Rosenau – Rişnov
Rodna – Rodna
Rohrbach – Rodbav
Sächsisch-Reen – Reghin
Schäßburg – Sighişoara
Schönberg – Dealul Frumos
Seligstadt – Selistat
Stein – Dacia
Stolzenburg – Slimnic
Tarteln – Toarcla
Tartlau – Prejmer
Törzburg – Bran
Treppen – Tărpiu
Trappold – Apold
Tobsdorf – Dupuş
Waldhütten – Valchid
Wurmloch – Valea Viilor
Wolkendorf – Vulcan
Zeiden – Codlea

Literaturhinweis (Auswahl)

Roswith Capesius: Das siebenbürgisch-sächsische Bauernhaus. Bukarest 1977.

Erich Dubowy: Sighişoara un oras medieval (Schäßburg eine mittelalterliche Stadt). Bucureşti 1957.

Otto Dahinten: Beiträge zur Baugeschichte der Stadt Bistritz. In: Archiv des Vereins für siebenbürgische Landeskunde. Bd. 50, Heft 2-3, 1941-44.

Hermann Fabini: Gotik in Hermannstadt. Bukarest 1980, Köln und Wien 1990.

Derselbe: Atlas der siebenbürgisch-sächsischen Kirchen und Kirchenburgen. Hermannstadt und Heidelberg, Bd. 1-5, 1998-2007.

Derselbe: Wie viele Kirchenburgen gibt es heute, wie viele hat es früher gegeben? In: Allgemeine Deutsche Zeitung. Bukarest, 29.Oktober 2013.

Hermann Fabini und Alida Fabini: Kirchenburgen in Siebenbürgen. Berlin und Leipzig, 1. Aufl. 1985, 2. Aufl. 1991.

Juliana Fabritius-Dancu: Sächsische Kirchenburgen aus Siebenbürgen. Hermannstadt 1980.

Jan Hülsemann: Das sächsische Bauernhaus in Siebenbürgen. Was wie machen an alten Häusern? Ein Leitfaden zur altbaugerechten Instandsetzung. Lilienthal 2012.

Grigore Ionescu: Istoria arhitecturii in România (Geschichte der Baukunst in Rumänien), Bd. 1-2, Bukarest 1965.

Erich Jekelius (Hrg.): Das Burzenland. Bd. 3-4, Kronstadt 1928-29.

Christoph Klein: Dem Kulturerbe verpflichtet. In: Ch. Klein: Über Bitten und Verstehen. Zwanzig Jahre im Bischofsamt der Evangelische Kirche Augsburger Bekenntnisses in Rumänien 1990-2000. Hermannstadt 2013.

Lexikon der Siebenbürger Sachsen. Thaur bei Innsbruck. 1993.

Michael Kroner: Geschichte der Siebenbürger Sachsen. Bd. I, II, Nürnberg 2007, 2008.

Derselbe: Geschichte der Nordsiebenbürger Sachsen. Nürnberg 2009.

Bernd Kunze: Hausforscher unterwegs in Siebenbürgen. Eigenver-

lag Martfeld 2013.
Christoph Machat (Hrg.): Denkmaltopographie Siebenbürgen. Bd. 1-5, 1995-2004.
Derselbe: Die Sicherung des siebenbürgischen Kulturerbes als gesamteuropäische Aufgabe. In: Siebenbürgisch-sächsische Heimatortsgemeinschaften aktuell. Nürnberg 1997.
Walter Myss: Kunst in Siebenbürgern. Thaur bei Innsbruck 1991.
Paul Niedermaier: Siebenbürgische Städte (12. - 16. Jahrhundert). Bukarest 1979.
Derselbe: Städte, Dörfer, Baudenkmäler. Studien zur Siedlungs- und Baugeschichte Siebenbürgens. Köln, Weimar, Wien 2008.
Sören Pichotta: Museen der Kirchenburgen. Kleinode in Siebenbürgen. Hermannstadt, 2008.
Maja Philippi: Historische Betrachtungen über Städte in Siebenbürgen. Bukarest und Heidelberg, 1996.
Hermann Phleps: Die bäuerliche Wehrbaukunst der Siebenbürger Sachsen. In: Heinrich Zillich: Siebenbürgen und seine Wehrbauten. Königstein Taunus 1941.
Viktor Roth (Hrg.): Die deutsche Kunst in Siebenbürgen. Berlin 1934.
Derselbe: Zur Geschichte des sächsischen Bauernhauses in Siebenbürgen. In: Archiv des Vereins für siebenbürgische Landeskunde, Bd. 42, Hermannstadt 1924.
Gisela und Otmar Richter: Siebenbürgische Flügelaltäre. Thaur bei Innsbruck 1992.
Georg Daniel Teutsch. Die Generalkirchenvisitationsberichte. Hermannstadt 1925.
Adolf Schullerus: Siebenbürgisch-sächsische Volkskunde im Umriß. Leipzig 1926, Reprint Augsburg 1998.
Brigitte Stephani (Hrg.): Sie prägten unsere Kunst. Studien und Aufsätze. Cluj-Napoca (Klausenburg) 1985.
Robert Stollberg, Thomas Schulz: Kirchenburgen in Siebenbürgen / Fortified Churches in Transylvania. Köln,Weimar, Wien 2007.

Bildnachweis

Foto- und Bilderarchiv Michael Kroner. Ein Großteil der Bilder sind Reproduktionen aus den in der Literaturliste genannten Werken und von Ansichtskarten. Namentlich konnten folgende Urheber dieser Illustrationen identifiziert werden: Andreas Blasius, Juliana Fabritius-Dancu, Ignatius Freundt, G. Gaciu, M. Eichler, Horst Göbbel, Doru Munteanu, Ciprian Moldovan, Kurt Nussbücher, Hermann Phleps, Radu Popescu, Martin Rill, Ludwig Rohbock, Günther Schuller, Betty Schuller, Norbert Thomaes, Karl Scheerer sowie aus dem Archiv der ÖLM.

Bei einigen Bildern konnte die Urheber nicht ermittelt werden.

Der Verfasser

Dr. Michael Kroner wurde am 22. Dezember 1934 in Weißkirch bei Schäßburg (Siebenbürgen) geboren. Nach Abschluß der Pädagogischen Mittelschule in Schäßburg (1954) Geschichtsstudium an der Universität in Klausenburg bis 1958. Promotion zum Dr. phil. 1972 an der Universität Bukarest mit einer Dissertation über das Leben und Werk von Stephan Ludwig Roth.

1958-1968 Geschichtslehrer und Direktor der deutschen Abteilung des Lyzeums von Bistritz, 1968-1978 Redakteur für Geschichte, Volks- und Heimatkunde der Zeitschrift „Karpatenrundschau“ in Kronstadt, 1978-1979 Museologe am Kreismuseum Kronstadt, 1979 Aussiedlung in die Bundesrepublik Deutschland, 1980-1982 wissenschaftlicher Mitarbeiter als Archivar am Germanischen Nationalmuseum Nürnberg, 1983-1995 Forschungsaufträge und als Archivpfleger im Landkreis Fürth, seit 1995 in Rente, von 1995 bis 2014 ehrenamtlicher Archivpfleger im Landkreis Fürth und Betreuer des Stadtarchivs Langenzenn.

1960 Heirat mit Edith Rösler, Gymnasiallehrerin, zwei Söhne, Uwe (1967), Volker (1969) und zwei Enkel.

Veröffentlichungen: 1680 publizistische Beiträge und Rezensionen in Zeitungen und Zeitschriften, 180 wissenschaftliche Aufsätze in Zeitschriften und Büchern, 27 Bücher und 24 Broschüren (darunter die Eckartschriften Nr. 121, 171, 178) mit folgender Thematik: Geschichte der Siebenbürger Sachsen, der Rumäniendeutschen und Rumäniens, Nationalitätenproblem in Südosteuropa, Geschichte Mittelfrankens, Verbindungen zwischen den Siebenbürger Sachsen und ihrem Mutterland Deutschland.

Umfangreiche Vortragstätigkeit zu den genannten Themen.

Mitglied siebenbürgischer sowie fränkischer wissenschaftlicher und heimatkundlicher Vereine, des Verbandes der Siebenbürger Sachsen und von Heimatortsgemeinschaften. Gründer und bis 2013 Vorsitzender der Heimatortsgemeinschaft Weißkirch und Herausgeber von bisher 30 Ausgaben des „Weißkircher Weihnachtsboten“. Ferner die Ortsmonographie „Weißkirch – Eine Gemeinde an der Großen Kokel“ (1997).

Auszeichnungen: Für wissenschaftliche, ehrenamtliche und gesellschaftliche Tätigkeiten 2006 Kulturpreis der Landsmannschaften der Siebenbürger Sachsen in Deutschland und Österreich, 2010 Verdienstmedaille des Verdienstordens der Bundesrepublik Deutschland und 2011 Heinrich von Mosch-Medaille des Historischen Vereins von Mittelfranken.

ERHÄLTLICHE ECKARTSCHRIFTEN

„R" = Restposten, bzw. Rückläufer, geringe Anzahl. Versand mit Erlagschein zuzüglich Porto

81. **H. Wamser:** Unsere deutschen Vornamen. Ratgeber für die Wahl heimischer Vornamen. 3. Auflage, 96 S., € 5,80. 1996
84. **„Heilig Vaterland"**. Neuere deutsche Lyrik. 96 S., € 4,00. 1982
102. **E. Hauler:** Sathmar und seine Schwaben. 109 S., € 4,00. 1987
104. **Deutsches Kalendarium.** Wesentliches für jeden Tag. 147 S., € 1,00. 1987
104a. **H. Pfeifer:** Werden und Wesen der Republik Österreich. 104 S., € 3,60. 1987
106. **N. v. Preradovich:** Ulrich von Hutten und seine Zeit. 78 S., € 4,00. 1988
107. **R. Wolfram:** Mittwinterbrauchtum. 83 S., € 2,00. 1988
108. **K. Ilg:** Das Deutschtum in Paraguay und Peru. 123 S., € 4,35. 1989
109. **J. A. Baumann:** Geschichte der Banater Berglanddeutschen Volksgruppe. 83 S., Photos, Karten, Statistiken, € 4,50. 1989
112. **G. Eberbach:** Die Deutsche Revolution 1848/1849. 67 S., € 2,50. 1990
115. **F. Haas:** Walther von der Vogelweide 116 Seiten, Bilder € 5,65 1990
118. **F. Greszl:** Die deutschen Siedlungen des Prinzen Eugen in Ungarn. Vom Weinbaugebiet zum Großstadtbezirk. 103 S., € 5,65. 1991
119. **R. Hampel:** Stimmen aus der Not der Zeit. 88 Seiten, € 4,90 1991
122. **W. Gleich:** Schwert und Pflugschar. Deutsche in Venezuela. 67 S., Karten, Photos, € 4,90. 1992
126. **B. G. Längin:** Aus Deutschen werden Amerikaner. Die deutsche Einwanderung in die USA aus Österreich, der Schweiz und dem Deutschen Reich. 120 S., Photos, € 4,50. 1993
129. **W. Gleich:** Krieg auf dem Balkan. 114 S., Karten, € 5,10. 1994
131. **W. Marinovic:** Das Teutsche Nationaltheater. Unser Burgtheater von Joseph II. bis Peymann. 104 S., Photos, € 4,50. 1994
132. **E. Gauerke:** Namibien. Südwestafrika. 96 S., Photos, Karten, € 6,45. 1994
133. **A. Heidinger:** Vertrieben aus Brünn. Tagebuchaufzeichnungen aus den Jahren 1945/46. 76 S., Photos, Karte, € 4,50. 1995
134. **I. Brantsch:** Das Leben der Ungarndeutschen nach dem Zweiten Weltkrieg im Spiegel ihrer Dichtung. 116 S., € 6,75. 1995
135. **K. Richter:** Richard Wagner. 112 S., € 5,10. 1995
136. **A. Mölzer:** Zur Identität Österreichs. 92 S., Karte, € 6,15. 1996
137. **U. Schlüer:** Die Schweiz und Europa. Gedanken zur Neutralität. 95 S., Karten, € 5,10. 1996
139. **H. Zillich / E. v. Dombrowski:** Deutsche Weihnacht in Ost und West. 95 S., Zeichnungen, € 6,40. 1996
140. **Georg Hauer:** Franz Schubert. Fürst des deutschen Liedes. 120 S., Bilder und Zeichnungen, € 5,10. 1997
141. **H. Löffler:** ... und zogen in die Ferne. Sudetendeutsche Siedlungen und Gemeinschaften in aller Welt. 107 S., Bilder, € 5,40. 1997
142. **M. Hobek:** Die Geschichte der Ungarndeutschen. 103 S., Bilder, € 5,00. 1997
143. **W. Marinovic:** Deutsche Dichtung aus Österreich: Schönherr, Waggerl und Weinheber. 104 S., Bilder, € 4,00. 1997
144. **B. R. Pilz:** Die politische Symbolik der deutschen Revolution 1848/49. Eine schwarz-rot-goldene Anthologie. Abb., 156 Seiten, € 7,25. 1998
145. **E. Pitsch:** 1918 – Niederlage und Untergang Österreich-Ungarns. 120 Seiten, € 5,20. 1998
146. **Autorengemeinschaft der Milizoffiziere in der ÖLM:** Wenn Kulturen zusammenprallen. 99 Seiten, € 5,00. 1998
150. **M. Hobek**: Vor 80 Jahren: „Der Rest ist Österreich ...!" Zum Friedensvertrag von St. Germain. 112 Seiten, Abbildungen, Karten, € 5,00. 1999
151. **M. Köck:** Das deutsche Lied. 108 Seiten, zahlr. Abbildungen, Notenbeispiele; € 5,20 1999
152. **H. Attinghaus, K. Buchwald, R. Girtler:** Heimat. 96 Seiten, viele Abbildungen; € 5,50 2000